Die ewigen Geheimnisse des Wohlbefindens

Die ewigen Geheimnisse des Wohlbefindens

**Glück. Liebe. Wohlbefinden.
Leben und zwischenmenschliche Beziehungen.**

Bernhard Führer

Copyright © 2026 Bernhard Führer
1. Auflage

Alle Rechte vorbehalten. Insbesondere das Recht der Vervielfältigung und Verbreitung sowie der Übersetzung. Kein Teil des Werkes darf in irgendeiner Form (durch Fotokopie, Mikrofilm oder ein anderes Verfahren) ohne schriftliche Genehmigung des Verfassers reproduziert oder unter Verwendung elektronischer Systeme gespeichert, vervielfältigt oder verarbeitet werden.

Die im Buch veröffentlichten Ratschläge, Aussagen und Anmerkungen wurden vom Verfasser sorgfältig erarbeitet und geprüft. Eine Garantie kann dennoch nicht übernommen werden. Ebenso ist die Haftung des Verfassers beziehungsweise des Verlages und seiner Beauftragten für Personen-, Sach- und Vermögensschäden ausgeschlossen.

Vertreten durch: Dr. Peter Josef
Gestaltung: Romil Bhagat, BSc
Lektorat: Mag. Otto Wögenstein, Bernhard Mathias
Verlag: edition eco
Druck: Libri Plureos GmbH, Friedensallee 273, 22763 Hamburg
Für Fragen und Anregungen: office@strategy-plan.at
Printed in Germany
ISBN: 979-8-89965-596-8

Dank

Einen gebührenden Dank möchte ich all jenen aussprechen, die mich während des Schreibens an diesem Buch und auch abseits davon unterstützt haben. Ich stand einen bedeutenden Teil meines Lebens in der Schuld anderer Menschen. Durch verschiedene Berufe und Tätigkeitsbereiche war mir dieses Gefühl leider häufig vertraut, zu Bett zu gehen und am nächsten Tag früh morgens wieder aufzuwachen, in der Schuld anderer Menschen zu stehen und das, ohne zu wissen, wie es weitergeht. Aber nichts gab mir solch einen Antrieb und ein so starkes Gefühl, jemandem etwas zu schulden, wie das laufende Schreiben an diesem vorliegenden Buch.
Besonderer Dank ergeht an Peter Josef, ohne den dieses Buch erst gar nicht möglich gewesen wäre. Ein großes Dankeschön gilt natürlich auch meiner Familie, Bekannten, Freunden, Kollegen und Verwandten, die im Zuge dieses Buches tragende Säulen für mich gewesen sind und die eine oder andere wertvolle Anregung geliefert haben, mich dabei aktiv unterstützten und dazu konstruktive Denkanstöße eingebracht haben.
Vielen Dank meinen beruflichen Kollegen, welche mir wichtige Inputs lieferten und wertvolle Denkanstöße für mich parat hielten. Diese sind es auch, ohne die dieses Buch nie zustande gekommen wäre. Ich durfte Freunde, Verwandte und Kollegen immer wieder ein Stück auf Ihren Wegen begleiten und konnte beobachten, wie diese den ihrigen Traum leben und Verbesserungen in ihrem

Leben erzielten. Meine Leser und Mitmenschen sind es, die ihren Anteil an der Gesellschaft haben und die letztendlich uns alle ein Stückchen weiter voranbringen. Schließlich sind wir alle auf die eine oder andere Weise miteinander verbunden, ob wir das nun wollen oder nicht. Danke auch an meinen Nachbarn Josef Löw, durch welchen ich im Laufe der Jahre, mit Hilfe seines weltoffenen und aufgeschlossenen Gemüts für das Leben und die Welt, über unser beschauliches Dorf weit hinausblicken und viel Neues lernen konnte. Geprägt hat mich vor allem Otto Wögenstein, welcher sich der Bildung junger Erwachsener widmete und dem immer etwas daran lag, Wissen mit anstatt ohne „*Gebrauchsanweisung*" zu vermitteln. Dank ergeht ebenso an Christine Zimmermann. Sie leitet eine der größten sozialen Einrichtungen in meiner Region und kümmert sich so um die Ärmsten der Armen, ausgestoßene, verlorene und vergessene Menschen und solche, von denen unsere Gesellschaft erst gar nichts weiß. Sie lebt Opferbereitschaft, Einfachheit, Hingabe und sich nie für etwas Besseres als andere Menschen zu halten. Zu schätzen weiß ich ebenso meine Ausbildungskollegen Christian Waldner, Jennifer Kocheim, Christian Ortner, Jennifer Bauer, Josef Donà, Petra Galantini, Simon Leitner, Robert und Sophie Vizthum und Benjamin Reckla. Durch sie lernte ich nicht nur den Wert der Bildung, sondern auch die Weisheit des Humors, um besser durch das Leben zu gelangen. Dankbar bin ich auch für meinen Freund Bernhard Mathias, der mich seelisch und mental unterstützte und dessen sonniges, bescheidenes und gleichzeitig scharfsinniges Gemüt ich besonders schätze. Stephan Frank danke ich für seine aufmunternden Worte und seinen guten Zuspruch und Michael Schertler, dass ich immer auf ihn zählen kann und von dessen praktischen Tun ich stets fasziniert bin. Dankbar bin ich auch für meine Jugend- und Kindergartenfreunde Nikolaus Gindl, Daniel Opat, Matthias Schneider, Markus Haindl und Thomas Walouschek. Zu schätzen weiß ich auch meine Kollegen und Freunde Helena Ziolkowski, Karl Beisser, Gottfried Berger, Roman Brenner, Christoph Dimmel, Sabine und Christian Dürnwöber, Onkel Franz, Gerald Haindl, Josef und Maria Heeger, Thomas und Martina Horatschek, Josef und Otto Jaus, Mario Opat, Martin Pollhammer, Roland und Franz Mayer, Wolfgang Meister, Hildegard Nittmann, Karl Mittermayer, Michael Edlinger, Clemens Hickel, Karl Gschwindl, Martin Mathias, Josef Mathias, Gerhard Schuller, Johannes Schwarzmayer, Vanessa Kurtz, Sandra Manzinger, Viktoria Grundschober, Gerhard und Manuel Wernhart, Ronald Wernhart, Werner Knie, Manuela Bernard, Thomas Seitner, Karl und Cornelia Frühwirth, Wolfgang Hirschbüchler, Johann Ammerer, Christian Mayer und Philipp Schmid. Danken möchte ich auch meiner Schwester für die Durchsicht und Hinweise auf die Struktur und den Inhalt des Buches. Dank ergeht ebenso an meine Mentoren, welchen ich zur Seite stehen durfte und die Einblicke, welche sie mir gewähren ließen. Dabei war ich immer verwundert, welche unterschiedlichen Zugänge Menschen zu ein und demselben Thema haben können. Diese unterschiedlichen

Perspektiven sind es, die dieses Buch zu dem machen, was es ist.

Einer meiner Professoren rief mir immer ins Gedächtnis: *„Man muss die Dinge aus mehreren Perspektiven sehen. So wie du sie siehst, so wie ich sie sehe und so wie wir beide sie nicht sehen."* Nicht zuletzt deshalb erfolgte eine Herangehensweise aus mehreren Perspektiven. Ich hoffe, ich konnte diese *„Perspektive"* in den folgenden Sachverhalten einfließen lassen.

Bernhard Führer

Der Weg zum Leben im Moment 1

Glücklich zu sein ist förderlich für das Wohlbefinden 9

Mehr Ruhe für mehr Wohlbefinden 18

Kleine Dinge ändern, um große Veränderungen zu bewirken 26

Entscheide dich zu leben und wie du den morgigen Tag beginnen möchtest 33

Rituale für soziale Netzwerke und ein besseres Leben 38

Glück und Unglück – nur auf den ersten Blick 48

Sei wer du bist, sei originell, sei mutig und gehe sorgsam mit Ersparnissen um 57

Ein einfaches Leben leben 62

Ein Lächeln kostet nichts 72

Möglichkeiten um zu leben und nicht bloß zu existieren 79

Prinzip des Wohlbefindens 89

Zusammenfassend 92

Der Weg zum Leben im Moment

Ein Mensch, der gut über sich denkt, ist glücklicher als ein Weiser, über den andere gut denken.

— *Schottische Weisheit*

Viele von uns sind im Erreichen von Endergebnissen verstrickt und daran interessiert, worauf wir hinarbeiten oder wie die Dinge sein werden, wenn wir endlich etwas zuwege bringen. Wir denken endlich zufrieden zu sein, wenn wir einen zukünftigen Zustand oder Ziele erreicht haben – finanzielle Unabhängigkeit, Beförderungen, berufliches Vorankommen, Gehaltssteigerungen, geistige Erleuchtung, die Spitze des Berges etc. Wir neigen dazu, in der Zukunft oder in der Vergangenheit zu leben ... in unseren *Köpfen*. Aber die Wahrheit ist, dass keines dieser Ziele dauerhafte Zufriedenheit bringen wird. Wenn wir dahin gelangen, wo wir hinwollen und erfolgreich sind, bedeutet dies nicht, dass die Arbeit, die uns dorthin geführt hat, wegfällt oder wir von nun an glücklich sind. Stattdessen müssen wir uns darüber im Klaren sein, dass Zufriedenheit nur in jedem „*Jetzt*" zu finden ist, wenn man bei gewöhnlichen täglichen Aktivitäten voll präsent ist – bei der täglichen morgendlichen Routine, beim Tragen von Lebensmitteln oder bei der Unterhaltung mit Freunden. Wenn Sie in diesen gewöhnlichen Aktivitäten Erfüllung finden, können Sie letztendlich auch friedvoll Ihr Leben genießen. Ich denke das Wichtigste ist, Dinge nicht als selbstverständlich zu betrachten. Sie können nicht vollständig auf das vorbereitet sein, was Ihnen im Leben passieren wird, aber Sie können lernen, dass das Leben, trotz allem was sich ereignete, lebendig ist und Sie jeden Tag genießen können – besonders wegen der kleinen Dinge im Leben. Sie können Freude haben, auch wenn die großen Dinge schief gehen. Die übergangene Beförderung, nicht erreichte Lebensziele, schwere gesundheitliche Beschwerden als Folgen eines Unfalls und andere schreckliche Lebensumstände, welche Ihnen widerfahren, müssen nicht das Ende der Fahnenstange bedeuten. Dennoch glauben wir dies hätte schlimme negative Konsequenzen für uns, was wiederum mit der *Diskrepanz* zwischen unseren Erwartungen und den tatsächlichen Umständen unseres Lebens in Verbindung steht. Wenn wir in unserem Leben auf unangenehme, unliebsame Gefühle stoßen, dann leiden wir. Wenn wir angenehme, wohlwollende Empfindungen wahrnehmen, sind wir jedoch ebenso nicht im Reinen und unzufrieden mit uns, da wir befürchten, sie können nur kurz anhalten und wieder dahinschwinden. Oder es kommt dazu, dass wir wollen, dass sich diese angenehmen, wohlwollenden Empfindungen noch weiter verstärken. Sie sehen, auch hier sind es die Erwartungen, die von den Umständen abweichen können und uns so an der „*Nase*" herumführen. Die moderne Medizin verfügt dieser Tage über eine schier unendliche Anzahl an Möglichkeiten, um gegen die kleinsten Übel vorzugehen, Schmerzen zu lindern und unser Wohlbefinden zu steigern. Aber zu welchem Preis? Ziel ist es, uns ein lustvolleres Leben und mehr Zufriedenheit zu ermöglichen. Mit dem Resultat, dass sich bereits allein bei den geringsten Schmerzen und Übeln ein Gefühl der Unbehaglichkeit breitmacht. Und all das nur, weil wir nicht erkennen, dass es wichtiger ist sich in Zufriedenheit zu üben. Sind wir mehr mit dem zufrieden, was wir haben und weniger damit beschäftigt, von dem mehr zu bekommen, was wir uns wünschen, so gibt uns das zu erkennen, dass unser äußeres Glück nicht von Umständen wie Gesundheit, Geld oder anderen Einflüssen abhängig ist.

Fragen Sie sich aus heutiger Sicht: Gibt es etwas im Leben, das wichtiger ist als alles andere? Es wird Sie vermutlich nicht überraschen: Es ist die Liebe – zu sich selbst und zu anderen – und das Verständnis, dass wir alle miteinander verbunden sind. Würden wir das wirklich verinnerlichen, gäbe es keine Ausgrenzung, keinen Hass, keine negativen Gefühle, keine Kriege – und mehr Glück in unserem Leben. Dass Sterbende solche Gedanken immer wieder äußern, sollte uns alle ernsthaft zum Nachdenken bringen.

Tief in der angelsächsischen Gesellschaft ist das Streben nach Glück verankert. Es findet sich ebenso in der amerikanischen Verfassung, jedoch ist es um das Glück jenseits des Atlantiks nicht so gut bestellt, wie es viele gerne hätten. Die Vereinigten Staaten von Amerika sind ein Land der unmittelbaren Reiz- und Bedürfnisbefriedigung. Es werden ständig Abkürzungen gesucht und viele Dinge sind aus dem Lot geraten. Dies spiegelt sich im Essverhalten (Übermaß an Salz, Zucker und zu große Portionen), in Häusern so groß, dass sie zur

Einsamkeit anregen und Autos mit denen man ohnehin keinen Parkplatz findet, wider. Den Unterzeichnern der Unabhängigkeitserklärung und Gründungsvätern der Vereinigten Staaten schwebte etwas anderes vor, als sie das *„Streben nach Glück"* in ihrer Gründungsurkunde fest verankerten. Das richtige Maß zwischen den erläuterten objektiven Erwartungen und objektiven Umständen ist wesentlich für die Erkenntnis des *Glücks*. Glück und Glückseligkeit bedeuten nicht eine sofortige gewünschte Befriedigung herbeizuführen. Wir sind keine Tiere, welche lediglich lustvollen Bestrebungen und Genüssen folgen. Dies würde zu Abhängigkeiten und Exzessen verführen – und das genaue Gegenteil vom Glück bewirken. Das alles zeigt, dass der Schlüssel zum Glück daher rührt, die ständige Suche nach subjektiven angenehmen Empfindungen zu vermeiden. So kann tiefgreifender Friede erreicht werden, da Freuden unser innerstes Selbst nicht mehr stören und Schmerzen zu keinem Leid mehr führen – Menschen, die ihr Leben lang auf der *„Jagd"* nach angenehmen, wohlwollenden Empfindungen bzw. Gefühlen sind, haben nicht die leiseste Ahnung davon, welche starke Gelassenheit, Widerstandsfähigkeit und Unerschütterlichkeit ihnen abhandenkommt. *Leid* kann überwunden werden, indem eben nicht nach diesen flüchtigen Empfindungen Ausschau gehalten wird.

Das bedeutet auch, mit der Akzeptanz zu leben, dass das Leben unvorhersehbar ist. Sie werden nicht immer bekommen, was Sie wollen. Es können viele Dinge passieren, die verändern, wer Sie sind und sich auf Ihr

Leben maßgeblich auswirken. Entwickeln Sie die Fähigkeit, alles was kommt, wirklich zu akzeptieren und anzunehmen. Natürlich wird das Leben viele Herausforderungen mit sich bringen und es ist nicht einfach, diese als solche anzunehmen, wenn Sie leiden und sich wünschen, dass diese Dinge niemals passiert wären. Fangen Sie jedoch an, *Akzeptanz* und *Zufriedenheit* in Ihrem Leben zu fördern, werden Sie zukünftige Krisen wahrscheinlich auf andere Weise bewältigen und sie aus einer anderen Perspektive betrachten. Akzeptanz bedeutet nicht, dass Sie sich mit einem Leben abfinden, in dem Sie Dinge lediglich ertragen und diese einfach hinnehmen. Akzeptanz ist kein Rückschritt, Misserfolg oder eine getroffene Vereinbarung. Es geht einfach darum, die Wahrheit zu akzeptieren und zuzulassen, dass die Dinge so sind, wie sie eben sind. Diese Einstellung zum Leben ist wirklich befreiend und verführt auch nicht zum *kurzfristigen Glück*.

Das alles führt uns vor Augen, dass Glück eine gewisse Reife voraussetzt. Das flüchtige Glück ist ein naher Verwandter der *Lust*. Lust veranlasst jedoch zur ständigen, rastlosen Suche, ist selbstbezogen und birgt immer auch die Gefahr der Abhängigkeit in sich. Wie jede Sucht steht man immer mit einem Fuß am Abgrund. Das wahre Glück hingegen handelt vom langfristigen Wohlbefinden und nicht von impulsiven Wünschen, nur um deren Befriedigung willen. Es stimmt, wir sind für Süchte und Abhängigkeiten anfälliger, wenn wir uns in einem jüngeren Alter befinden – demnach ist ein gewisses Maß an Reife wichtig. Deshalb ist es auch nicht notwendig, wie die meisten Menschen, das Altern oder den Tod zu fürchten. Auch diese unvermeidlichen Wegbegleiter können mit der richtigen Einstellung Vergnügen bereiten. Krankheit, Alter, Tod – das sind die großen Unbekannten, die wir fürchten. Der antike Philosoph *Epikur* vertrat zur Angst vor dem Tod folgende Ansicht: „*Vor dem Tod müssen wir sicher keine Angst haben. Denn solange wir da sind, ist der Tod nicht da und wenn der Tod da ist, dann sind wir nicht mehr da.*" Viele Menschen empfinden das Alter in ihren jungen bis mittleren Jahren als Verfall oder setzen es mit Niedergang und letztendlich mit dem Tod gleich. Kommt man aber immer näher an das Lebensende heran, so schließen Männer wie Frauen ihren Frieden damit. Sie erkennen, dass die Zeichen der Zeit nahen, das Alter nicht aufzuhalten ist und es sich nicht lohnt dagegen anzukämpfen. Es zeigt sich auch hier in Untersuchungen, dass diejenigen, welche nicht dem Alkohol oder anderen Süchten verfallen waren, dem Alter gelassener entgegensahen und mit diesem ein besseres Auskommen fanden. Sie erkennen, dass dem Alter auch viel Gutes abzugewinnen ist. Die körperlichen Gebrechen nehmen zwar ab dem 20. Lebensjahr ständig zu, das Gehirn hingegen gewinnt ab diesem Zeitpunkt ständig an Leistung. Dichter, Philosophen, Propheten, Poeten und Schriftsteller schaffen und schreiben in ihren Sechzigern und Siebzigern Werke, zu welchen Sie in jungen Jahren niemals fähig gewesen wären.

Jüngere Generationen denken jedoch anders. *Facebook*, *Twitter*, *Instagram* und viele andere (auch traditionelle)

Werbemedien sorgen dafür, dass die Maßstäbe immer höher angesetzt werden. Aufgrund der dadurch gestiegenen Erwartungen bewirkt dies, dass wir uns, trotz günstiger Bedingungen (wohlhabend, attraktives Aussehen usw.), weniger gut und zufrieden fühlen, als wenn wir vor einigen hundert Jahren in einer Welt groß geworden wären, die weniger weltumspannender war – und auch geringere Möglichkeiten bot. Vor einigen hundert Jahren orientierten sich die Frauen und Männer in einem kleinen bäuerlichen Dörfchen eben nicht an den letzten Modetrends und unrealistischen Körperformen einiger weniger Models, welche auf den internationalen Laufstegen dieser Welt herumspazieren. In der Tat stehen uns dieser Tage viele Wege offen und bei einer Vielzahl an Gelegenheiten bietet es sich eben an, lose Entscheidungen zu treffen und sich bereitwillig nicht zu binden. Dies ist es aber auch, warum wir einsamer werden und soziale Gemeinschaften nicht mehr das sind, was sie einmal waren – trotz der vielen Freiheiten und Möglichkeiten in unserer heutigen Gesellschaft.

Veränderte Lebensumstände, Herausforderungen, Schicksalsschläge – das alles fällt Ihnen leichter, wenn Sie Ihrem Leben den richtigen *Sinn* geben, nämlich *„nach innen"*. Was soll das heißen? Vieles fällt einem leichter, wenn nach einer *„inneren ausgewogenen Wertungsliste"* und nicht nach einer *„äußeren Wertungsliste"* gelebt wird – jedoch schenken Menschen dem *„Äußeren"* viel mehr Beachtung. Ein *äußerer Bewertungsmaßstab* ist das, was die meisten Menschen beschäftigt, haben oder wollen. Dies wird häufig von Selbstüberschätzung, Überheblichkeit, Gier oder einem Leben, das aus dem Gleichgewicht geraten ist, getragen. Es ist ein *externer Erfolgsmaßstab*, der versucht sich über schwer fassbare Fragen zu definieren, wie beispielsweise: *Was denken die Leute da draußen über mich, mein Verhalten, meinen Status, mein Vorankommen, mein Image oder über mein neues modisches Erscheinungsbild?* Der *innere Bewertungsmaßstab* ist intrinsisch und definiert, ob Sie im Gleichklang mit Ihren Werten und Überzeugungen leben. Der Fokus liegt dabei darauf, die richtigen Dinge zu tun und Menschen wohlwollend zugewandt zu sein, anstatt vermeintliche Antworten darauf zu finden, was andere über Sie denken. Wenn Sie mit einem *inneren Erfolgsmaßstab* leben, konzentrieren Sie sich darauf, die authentischste „*Version*" Ihres *Selbst* zu sein, anstelle das zu tun, was andere Leute denken, dass Sie tun sollten. Der Welt ist es gleichgültig, was wir wollen. Aber wenn Sie Freude und Zufriedenheit aus Ihrer Arbeit, Ihren Interaktionen mit anderen Menschen und Ihrem Tun und Handeln schöpfen, weil Sie mit einem *inneren Bewertungsmaßstab* leben, dann müssen Sie nirgendwo anders als in Ihrem Inneren nach Glück suchen. Es scheint ein Leben lang zu dauern, um zu lernen, wie man dem Leben einen *Sinn* nach *innen* gibt und im *Moment* lebt, aber das sollte es nicht. Die meisten Menschen haben das Gefühl, dass sie in ihrem eigenen Leben zu zukunftsorientiert waren und sich meist an anderen orientierten (die eben erläuterte „*äußere Wertungsliste*"). Das ist auch eine natürliche Neigung (sicherlich denken Sie an die Zukunft und ich behaupte nicht, dass das schlecht ist). Aber es gibt viel zu gewinnen, wenn man nur im „*Moment*" und mit sich „*Selbst*" ist und schätzen kann, was gerade um einen herum vor sich geht. Sie können sich dies zu eigen machen, lernen und mit der Zeit darin besser werden. Menschen bringt dies mehr Frieden und es hilft Ihnen, Ihren Platz im Leben zu finden. Viele sehnen sich danach, denn es beruhigt in einer lauten Welt, die von einem „*Joch*" zum nächsten hetzt und die meisten Menschen wünschen sich, sie hätten sich dies früher ins Bewusstsein gerufen und Ihr *Innerstes* und *Jetzt* gelebt.

Glücklich zu sein ist förderlich für das Wohlbefinden

Wer stark, gesund und jung bleiben will, sei mäßig, übe den Körper, atme reine Luft und heile sein Weh eher durch Fasten als durch Medikamente.

– Hippokrates

Es ist schon erstaunlich, wie viel Zeit wir dafür aufwenden Gewichte zu stemmen, unseren menschlichen Leib mit unterschiedlichsten Geräten zu stählen, Liegestütze und Klimmzüge zu machen, nur dass unser Körper am Ende dessen ohnehin von „*Mutter Natur*" wieder zu Staub gemacht wird. Dennoch hilft es Ihrem Wohlbefinden unheimlich, wenn Sie gut auf Ihre Gesundheit aufpassen. Von Zeit zu Zeit mögen Sie sich mitunter unbesiegbar fühlen, aber Sie werden nicht immer so empfinden. Ihre Gesundheit ist wichtig, viel wichtiger als Sie denken. Bleiben Sie deshalb aktiv und ernähren Sie sich richtig, gehen Sie zu einer anständigen Zeit ins Bett, spazieren oder laufen Sie oder betreiben Sie irgendeine andere Aktivität, wenn Sie wollen (was genau, ist gar nicht so wichtig). Sie werden sich später bei Ihrem jüngeren „*Ich*" dafür bedanken.

Über unsere Lebensabschnitte und -ereignisse hinweg haben wir nur diesen einen uns gegebenen Körper und es ist nicht möglich, ähnlich wie bei anderen Dingen, im Handumdrehen etwas auszuwechseln. Autos, Motorräder, Notebooks und Smartphones, für all dies gibt es Ersatzteile und diese sind austauschbar – unser Körper aber ist und bleibt einzigartig. Ich kann mich noch an einen guten Freund von mir erinnern, der sein Leben lang kerngesund war. Eines Tages erreichte ihn die Diagnose Krebs. Er sagte mir, dass er sich nie darüber bewusst war, wie fragil und anfällig unser menschlicher Körper nicht sei. Ich vergaß nie seine letzten Worte im Krankenhaus: Wir sollen jeden einzelnen uns gegebenen Tag zu schätzen wissen und dürfen niemals das Leben als selbstverständlich erachten. Das Leben sei nun mal kostbar, zerbrechlich, unvorhersehbar und unberechenbar – jeder Tag ist ein *Geschenk*. Die Zeit vergeht viel schneller als Sie denken. Alle Samen, die Sie in der Vergangenheit gepflanzt haben, ob gut oder schlecht, tragen Früchte und wirken sich, wenn Sie älter werden, auf Ihre Lebensqualität aus – zum Guten oder Schlechten (dies betrifft nicht nur körperliche, sondern auch seelisch-geistige Aspekte Ihres Lebens). Solange wir uns einigermaßen bewegen können, sollten wir das ebenso als

Geschenk ansehen. Wissenschaftliche Untersuchungen zeigen, dass Hamster, welche sich ständig in einem kleinen Laufrad bewegten, viel klüger waren als Hamster, denen man das Rad weggenommen hatte. Bei Menschen zeigt sich dasselbe. Bewegungen und Aktivität, welcher Art auch immer, führen dazu, dass sich im Gehirn Zellen verbinden und Sie dadurch schlagfertiger, kreativer, gelassener und intelligenter werden. Das Schöne daran: Diese Verkabelung der Nervenleitungen erfolgt auch noch in Ihren späten 80er und 90er Jahren. Es hört folglich nie auf – solange Sie aktiv bleiben und sich etwas bewegen.

Kümmern Sie sich nicht frühzeitig um Ihren Körper, wird er sich später nicht um Sie kümmern. Ihre Welt wird von Tag zu Tag kleiner, wenn Sie an Mobilität oder Sehkraft verlieren. Haben Sie immer genug Zeit zum Trainieren. Falls Sie etwas anderes sagen, lügen Sie sich selbst an. Die Wahrheit ist, dass Sie keine Zeit haben, dies nicht zu tun, da Sie sich ansonsten früher oder später Zeit für eine Krankheit nehmen müssen. In unzähligen medizinischen Studien wurde nachgewiesen, dass bereits 30 Minuten Bewegung pro Tag die Kraft, das Glück und die Langlebigkeit des menschlichen Lebens steigern. Das sind gerade einmal 3,5 Stunden pro Woche. Angesichts der enormen gesundheitlichen Vorteile in Bezug auf die Auswirkungen auf die verbleibenden 164,5 Stunden der Woche, scheint dies kaum viel Zeit zu sein. Dieses regelmäßige Training führt zu einem besseren Stressmanagement und Schlaf, was zu besseren Ernährungsentscheidungen, zu mehr Energie und weniger chronischen Krankheiten beiträgt. Bewegung und

Training beeinflussen aber auch Ihre Gefühle. Sie lindern Stress, dadurch fühlen Sie sich wohler und Sie kommen daher auch mit Problemen besser zurecht – es verändert Ihr emotionales Wohlbefinden. Die durch Bewegung ausgelösten chemischen Reaktionen wandeln ebenso unsere Wahrnehmung zum Guten. Seien Sie deshalb aktiv und das am besten regelmäßig. Dabei ist gar nicht so sehr wichtig, was Sie tun, sondern vielmehr, dass Sie etwas tun.

Wenn Gewichtsverlust Ihr Ziel ist: Essen Sie nicht zu viel und bewegen Sie sich mehr. Das Problem ist, dass es in der realen Welt nicht so einfach ist, damit Schritt zu halten. In Industrieländern sind wir von einem unbegrenzten Angebot an preiswerten, schmackhaften, übergroßen und kalorienreichen Lebensmitteln umgeben. Mit mehr Bewegung und Training ist das kein Problem, wenn wir von einem schweren Fall von *„Sitzkrankheit"* betroffen sind. Fernsehen, mit dem Auto in die Arbeit fahren, Videospiele, mangelnde Bewegung und Ähnliches, sorgen jedoch in den Industrienationen für eine Vielzahl von gesundheitlichen Problemen. Hinzu kommt, dass es immer mehr sitzende Wissensarbeiter in unserer Gesellschaft gibt. Menschen fragen daher: Was ist die beste Diät? *Superfood*, *Detox* und viele mehr lassen sich an dieser Stelle aufzählen. Aber keine Forschung hat gezeigt, dass irgendeine Diät den Rest der Diäten übertrumpft. Das Einzige, was den Erfolg vorhersagt, ist, wie gut Sie sich an jene Diät halten, die Sie wählen. Es ist also nicht die Formel, sondern Ihr Verhalten. Es geht also mehr um Struktur und persönliche soziale Unterstützung.

In unserer industrialisierten Gesellschaft kann Zucker ebenso hinterhältig sein. Viele Getränke haben 8 oder mehr Teelöffel Zucker in sich, ohne dass wir das groß merken. Zu einem Problem wird es, wenn hoher Zucker zu überschüssigen Kalorien beiträgt – dann geraten wir in Schwierigkeiten. Für Diabetes scheinen Lebensstilfaktoren wie Fettleibigkeit, körperliche Aktivität, Ernährung, Stress und Verstädterung wichtig zu sein. Übermäßiges Körperfett liegt bei ca. 2/3 der Fälle von Diabetes bei Männern und bei etwas mehr der Fälle bei Frauen zugrunde. Eine Reihe von Ernährungsfaktoren wie zuckerhaltige Getränke und die Art des Fettes in der Ernährung scheinen ebenso von Bedeutung zu sein. Studien zur Diabetesprävention zeigen, es geht weniger um Zuckerrestriktionen als vielmehr darum, mindestens eine halbe Stunde am Tag aktiv zu sein, Gewicht zu verlieren, weniger gesättigte Fette zu essen und mehr Ballaststoffe zu sich zu nehmen. In einer Untersuchung hatten diejenigen, die körperlich aktiv waren, sich gesund ernährten, nicht rauchten und in Maßen Alkohol konsumierten, eine um 82 Prozent niedrigere Diabetesrate. Wenn ein normales Gewicht einbezogen wurde, war die Rate um 89 Prozent niedriger. In dieser Studie wurde eine gesunde Ernährung als eine ballaststoffreiche Ernährung mit einem hohen Verhältnis von mehrfach ungesättigten zu gesättigten Fettsäuren, einem geringeren Transfettverbrauch und einem niedrigeren mittleren glykämischen Index definiert. Eine pflanzenbasierte Ernährung mit unverarbeiteten Lebensmitteln scheint daher eine sehr kluge Diät zu sein. Aber denken Sie daran,

es gibt *keine Zauberformel* für Sie. Welche Diät funktioniert jedoch wirklich gut? Es gibt eine sehr gute Diät, aber bei dieser geht es mehr um Kultur und kleine Verhaltensweisen. Eine Diät, die sich nicht auf Gewichtsverlust konzentriert, sondern auf gesunde Ergebnisse wie weniger Krebs, Herzerkrankungen, Demenz und ein längeres Leben. Die Diät mit dem robustesten Beweis dafür ist die *mediterrane Diät*. Anstelle der Anwendung von strikten Essensregeln stehen hier Mäßigung, weniger Fleisch und mehr Gemüse und Obst im Vordergrund. Die mediterrane Ernährung ist eher ein Lebensstil. Eine Region, in der viel körperliche Bewegung, regelmäßige Mahlzeiten und gute soziale Unterstützung weit verbreitet sind. Aber auch schon geringfügige Änderungen wie eine andere *Haltung* erzeugen bessere Laune. Studien zeigen, dass Sie sich durch eine gerade Körperhaltung, ein Lächeln und tiefes Ein- und Ausatmen viel glücklicher fühlen, als Menschen, die das nicht tun. Aber auch kleine „*Anker*" können dies bewirken. Was heißt das? Sie denken einfach an etwas, dass Ihnen mehr Selbstvertrauen und Energie gibt – oder bestimmte freudige Glücksgefühle in Ihnen bewegt. Erinnern Sie sich einfach zurück an ein Ereignis, einen Menschen oder eine Zeit, in welcher Sie wirklich zufrieden und glücklich waren. Auch bewirkt mehr natürliches Tageslicht, dass Sie sich wohler und weniger niedergeschlagen fühlen. Deshalb sollten Sie es sich zur Gewohnheit machen, sich etwas im Freien aufzuhalten.
Auf der anderen Seite bestimmen ebenso unsere Trinkgewohnheiten unser Wohlbefinden – so hat Alkohol

viel mit Kultur zu tun. Er ist ein *„soziales Schmiermittel"*, wenn man so will. Treffen mit Verwandten und Bekannten, Sport, Romantik, Freundschaften – überall fließt Alkohol und wir trinken, um auf Geburten anzustoßen, bei Trauerfeiern, einen zu Ende gegangenen Arbeitstag ausklingen zu lassen oder den Beginn eines Urlaubs anzuerkennen. Kein Anlass, wo Alkohol nicht zu finden ist. Alkoholkonsum ist mit vielen positiven Lebensereignissen verbunden. Er ist ein zentraler Bestandteil einer Vielzahl unserer Identitäten. Alkohol wird als gesund, sexy und cool in der Werbung dargestellt. Gemeinhin wird ihm ebenso unterstellt von Problemen und Schwierigkeiten abzulenken – aber auch nur in Maßen konsumiert, lenkt dieser eben lediglich ab und trägt weniger zu Lösungsmöglichkeiten bei. Wenngleich auch *Johann Wolfgang von Goethe* meinte: *„Ein schönes Fräulein und ein Gläschen Wein kurieren alle Not. Und wer nicht trinkt und wer nicht küsst, der ist so gut wie tot."*

Es gibt jedoch eine Kehrseite des sozialen Trinkens. Ungefähr eine von zehn Personen, die ihren Hausarzt aufsucht, leidet an einer Alkoholkonsumstörung. Viele Menschen haben medizinische Probleme wie Lebererkrankungen, Magenblutungen, Demenz, Depressionen und vieles mehr. Alles im Zusammenhang mit Alkoholkonsum. Alkohol spielt bei einem Drittel aller Patienten, die zur Notaufnahme kommen, eine Rolle. Angefangen von Unfällen, Knochenbrüchen bis hin zu zerbrochenen Beziehungen, von handgreiflichen Auseinandersetzungen bis hin zu Herzversagen. Menschen, die alkoholkrank sind, haben eine vielfach geringere Lebenserwartung und jedes Jahr sterben weltweit 3 Millionen Menschen an alkoholbedingten Unfällen oder Krankheiten. Es gibt ebenso Auswirkungen auf die Einheit der Familie, Freunde, Finanzen und die mentale Gesundheit. Alkohol kann Ihnen beim Schlafen helfen, aber tatsächlich verschlechtert er Ihre Schlafqualität. Und die Selbstmedikation bei Stress ist auch mit Alkohol auf lange Sicht nicht effektiv. Weitere negative Folgen sind Wut, Verdauungsbeschwerden und Gedächtnisstörungen. Die Rate der Lebererkrankungen steigt, wenn mehr als 1 alkoholisches Getränk für Frauen oder 2 alkoholische Getränke für Männer pro Tag getrunken werden. Zudem wird Alkohol mit mehr als 6 unterschiedlichen Krebsarten in Zusammenhang gebracht. Manchmal ignorieren wir negative Auswirkungen von Alkohol auf unsere Gesundheit, unsere Beziehungen und unsere Fähigkeit persönliche Ziele zu erreichen. Die Herausforderung hierbei ist natürlich immer eine gemischte Botschaft: Die Zusammenkunft und der Genuss mit Freunden etwas zu trinken und wie die Chancen zum Guten oder zum Schlechten für Sie selbst stehen. Wenn Sie nicht mehr weiterwissen, kann es schon helfen etwas Wein, Bier oder einen Sekt zu trinken. Sicherlich ist Alkohol nicht der Weisheit letzter Schluss, er löst keine Probleme – aber Limonaden und Orangensaft tun dies auch nicht. Somit schafft Alkohol nicht alle Ihre Probleme aus der Welt, jedoch kann er neue bringen, aber nicht im Übermaß genossen, vermag er schon mal von den Unannehmlichkeiten des Lebens abzulenken.

Was wissen wir Näheres darüber, was unsere Chancen zum Guten oder zum Schlechten tatsächlich beeinflusst? Als wir geboren wurden, erwarteten wir alle ein viel kürzeres Leben als heute. In den 1950er Jahren lag die Lebenserwartung bei etwa 65 Jahren. Dank des medizinischen Fortschritts und der Art und Weise, wie wir leben und arbeiten, werden unsere Chancen immer besser, dass wir länger leben. Die durchschnittliche Lebensdauer steigt jedes Jahr zwischen 2 und 3 Monaten an. Noch besser ist, je länger Sie leben, desto mehr können Sie mit einem noch längeren Leben rechnen, denn Sie hatten das Glück, nicht jung zu sterben. Menschen, welche heute 65 sind, haben eine gute Chance 80 (an die 70 Prozent) oder 90 Jahre (an die 30 Prozent) alt zu werden. Noch mehr als die zuvor genannten Zahlen mag überraschen, dass ein heute 65-jähriges Ehepaar eine Wahrscheinlichkeit von 51 Prozent hat, dass zumindest einer von ihnen noch weitere 25 Jahre alt wird und das stolze Alter von 90 Jahren erreicht. So fröhlich das alles erscheinen mag, es gibt viele Lebensgewohnheiten in Ihrem Leben, die Sie davon abhalten könnten, soweit oder noch weiter zu kommen. Untersuchungen haben ergeben, dass Sie für jeden Tag, an dem Sie an die 4 kg übergewichtig sind, eine halbe Stunde Ihres Lebens verlieren. Wenn Sie ein Mann sind, der drei 0,33 Liter Bier pro Tag trinkt (bei Frauen etwa die Hälfte), dann ist das ebenso eine halbe Stunde verlorene Lebenszeit (drei 0,33 Liter Bier entsprechen ca. 36 Gramm reinen Alkohol). Bewegung, wie ein regelmäßiger Lauf von einer halben Stunde pro Tag, bewirkt hingegen, dass Sie länger leben – eine Stunde länger. Raucher, weithin bekannt, verlieren Lebenszeit – 2 Zigaretten „*kosten*" eine halbe Stunde Ihres Lebens. Der durchschnittliche Raucher konsumiert jedoch zwischen 20 und 30 Zigaretten am Tag und all dies summiert sich auf die Dauer Ihres Lebens. Etwas, das eine Stunde pro Tag kostet, ergibt also mehr als eine Woche weniger Lebenszeit pro Jahr. Und auf lange Sicht ist das ein ganzes Jahr Ihres Lebens. Ein normaler Raucher kann folglich mit einem Verlust von 10 Jahren rechnen. All diese Zahlen bieten lediglich eine *vage* Vorstellung für Ihr Leben. Vielleicht wird Ihnen ein kürzeres oder mit etwas Glück längeres Leben zuteil. Es ist möglich, dass Sie die Chancen übertreffen, aber die Chancen stehen bei Weitem nicht so gut, wenn andauernd von Ihrem „*Lebenszeitkonto*" abgebucht wird. Natürlich würden die Leute sagen, dass es nervenaufreibend ist über Risiken nachzudenken. Aber verstehen wir die Risiken richtig, die uns tatsächlich helfen, haben wir mehr Spaß und nicht weniger.

Mehr Ruhe für mehr Wohlbefinden

Da es sehr förderlich für die Gesundheit ist, habe ich beschlossen, glücklich zu sein.

– Voltaire

Angespanntheit, Stress, Schlaflosigkeit und Burnout sind weitverbreitete Krankheiten unserer Zeit. Stress hat viele negative gesundheitliche Folgen. Stress ist schwierig zu erfassen, weil Sie die daraus resultierenden negativen Konsequenzen nicht sofort sehen. Er ist sehr komplex, da mehrere Faktoren eine Rolle spielen und mehrere Ergebnisse zu erwarten sind. Physiologen sehen, dass Stress den Blutdruck, die Herzfrequenz und Veränderungen der Chemikalien erhöht, die das Immunsystem steuern. Die Bewältigung von Krisen können dadurch erschwert und einst stabile soziale Netzwerke gefährdet werden. Schätzungen zufolge sind bis zu 70 Prozent der Besuche in Arztpraxen auf Stress, Schlaflosigkeit und Burnout zurückzuführen. Ein schlechter gesundheitlicher Allgemeinzustand, *„Selbstbehandlung"* mit Alkohol und Drogen, Anfälligkeit für Angstzustände und Depressionen und eine schlechte Lebensqualität sind die daraus resultierenden Folgen. Wir können jedoch etwas dagegen tun.

Ihren Denkstil zu ändern, um Stress abzubauen, ist durch den Einsatz von *Achtsamkeitstechniken* möglich. Achtsamkeitsübungen werden heute immer häufiger angewendet – auch als Teil der Behandlung von Herz-Kreislauf-Beschwerden und chronischen Krankheiten. Es gibt zunehmend Hinweise auf die Wirksamkeit dieser Übungen. So zeigt sich bei depressiven Patienten, dass auf Achtsamkeit basierende kognitive Therapien durchaus mit medikamentösen Therapien vergleichbar sind. Der Erfolg von *Achtsamkeitstechniken* ist wahrscheinlich auf die Tatsache zurückzuführen, dass es viele nützliche Anwendungen zur Stressreduzierung gibt. So wird mit physischen Komponenten wie gezielter Atmung oder Muskelentspannung und Meditation ebenso ein gesteigertes Selbstbewusstsein erreicht. In unserer geschäftigen Welt ist das vielleicht Wichtigste jedoch, Ablenkungen loszulassen und im Moment zu sein. Achtsamkeit kann uns die Fähigkeit geben, Sorgen loszulassen und sich nicht in endlosen ängstlichen Schleifen wiederzufinden. Achtsamkeit hilft zudem, weniger den Gedanken zu ändern, als vielmehr zu entscheiden, wo er platziert werden sollte und lehrt das Bewusstsein, dass wir die Macht der Wahl haben.

Eine andere Art, Ihren Denkstil zu ändern, ist Ihre Einstellung. Welche Menschen kommen gut zurecht mit scheinbar unüberwindbaren einschneidenden Lebensumständen?

Der *erste Punkt* betrifft die *Veränderung*. Stressresistente Menschen, die sich lebensverändernden Ereignissen gegenübersehen, sind in der Lage, ihre Selbstbedeutung zu begrenzen und die Veränderungen, die um sie herum stattfinden, als potenzielles *Sprungbrett* zu sehen – und nicht als *Klotz*, der ihnen den Weg abschneidet. *Zweitens* ist *Selbstverpflichtung* wichtig. Stressresistente Menschen fühlen sich verschiedenen Aspekten ihres Lebens verpflichtet. Selbst wenn sie mit Unsicherheit konfrontiert sind, bleiben sie dem Engagement für Familie und Freunde, ihrem Glauben, den Hobbys, Gemeinschaften und ihrer Arbeit treu. Sie sehen sich für das Gesamtbild ihres Lebens verantwortlich und fühlen sich auch so – das ermöglicht ihnen, Turbulenzen in bestimmten Bereichen ihres Lebens besser zu handhaben. Der *dritte Punkt* ist die *Kontrolle*. Menschen, die mit ernsthaften Ereignissen konfrontiert sind, haben größtenteils wenig Kontrolle über das, was ihnen widerfährt. In der Tat kommen diejenigen Menschen mit Stress besser klar, die die Fähigkeit besitzen, loszulassen und nicht die Kontrolle an sich zu reißen. Sie sollten sich mehr auf den *„Ort der Kontrolle"* konzentrieren als auf die Fähigkeit zu kontrollieren. Menschen, welche mit lebensverändernden Situationen konfrontiert sind und gut damit klarkommen, wissen, dass vieles was ihnen passiert außerhalb ihres Einflussbereichs liegt. Sie wissen aber auch, dass sie Anpassungen vornehmen, wählen und sich kompetent betreffend dessen fühlen können, was sie zu kontrollieren imstande sind. Um Ihre Einstellung und Art des Denkens zu verbessern, denken Sie einfach immer an die Grundlagen – auch wenn diese noch so banal erscheinen mögen. Wenn ich Mundharmonika spiele und ich keinen guten Tag habe (was auch häufig passiert), sage ich mir: *„Konzentrier dich auf die Melodie, auf das was du fühlst und hör gut zu, dass du die richtigen Töne triffst."* Das ist alles. Wenn die Dinge stressig sind, müssen Sie manchmal einfach anhalten. Einen Menschen, der einen Schritt zurückgeht, sollte man nicht unterschätzen, denn er könnte nur Anlauf nehmen. Genauso ist es mit Ihrem Wohlbefinden. Sie fühlen sich nicht wohl? Sagen Sie sich, ich werde gesunder Ernährung den Vorzug geben, eine regelmäßige Schlafroutine einhalten und meiner Seele und meinem Körper etwas Gutes tun. *Schlaf* wird dennoch häufig vergessen. Nehmen Sie sich deshalb dafür Zeit und schlafen Sie genug – auch das kann Stress verhindern. Wenn Sie einige wenige wohltuende Gewohnheiten in Ihr Leben einbauen, ist die Wahrscheinlichkeit geringer, dass

Sie innerlich ausbrennen und irgendwann Ihr „*Selbst*" aufgeben und zu einer gefühllosen „*Maschine*" werden. Dazu gehört sich *selbst Freuden* zu bereiten. Wenn Sie dafür noch nichts gefunden haben, so suchen Sie nach etwas, dass Sie wirklich glücklich macht, wenn Sie es tun. *Aktivitäten* und *Sport* führen nicht nur zu einem besseren Schlaf, sondern ebenso zu mehr Entspannung. So auch der Austausch mit *Herzensmenschen* – Menschen mit denen Sie ein sehr inniges Verhältnis pflegen und die Ihnen Kraft schenken. Auf der anderen Seite führt *Einsamkeit* dazu, dass Sie besser abschalten und mehr im Frieden mit sich selbst sind. Dies lässt sich gut mit anderen Gewohnheiten vereinbaren, welche helfen Stress abzubauen – beispielsweise draußen in der *Natur* zu sein. *Fasten* trägt nicht nur dazu bei, Stress abzubauen und Ihnen mehr Zeit zu schenken, sondern durch den gesenkten Energiepegel verschaffen Sie Ihrem Leben auch mehr Stille. Es stimmt, dass Menschen, die wenig Nahrung aufnehmen, häufiger ans Essen denken – aber Menschen, die viel essen, tun das auch. Der Reiz und die Begierde wirken eben auf die Vielfraße ebenso wie auf die fastenden Menschen. Dem zugehörig ist das *Medienfasten*. Es ist ein Begriff den wir immer öfter hören. Auch diese Art des Fastens führt zu mehr Ruhe und Entspannung. Gönnen Sie sich zumindest einen Tag in der Woche, *nichts zu tun* und auf digitale Medien zu verzichten. Dadurch ist unser Unterbewusstes weniger angespannt und Sie verschaffen sich mehr Freiraum. Dies sind einfache Gewohnheiten, um Stress, Burnout und anderen Krankheiten besser entkommen zu können.

Denken Sie daran, dass Herausforderungen immer da „*draußen*" lauern werden. So ist das Leben. Ihre Gedanken, Verhaltensweisen und Ihre Einstellungen sind Ihre „*Schlüsselhalter*" für den Stress, den Sie erfahren. Nicht der Chef, nicht Ihr Job, nicht Ihre Nachbarn, Freunde oder Bekannten sind Ihre Probleme. Sie haben es in der Hand und das ist es, was Sie auch verbessern können. Das *80/20-Prinzip* schafft demnach ebenfalls Abhilfe. Das bedeutet: Wir haben absolut keine Kontrolle über 20 Prozent der Dinge, die uns widerfahren. Sie können die anderen 80 Prozent jedoch steuern. Einfach indem Sie auf das reagieren, was Ihnen widerfährt. Es zeigt sich immer wieder, dass Menschen, die ihren Stress gut bewältigen, für annähernd jede ihrer Erkrankungen an denen sie leiden, bessere Heilungsergebnisse erzielen. Präventive Medizin gewinnt dabei immer mehr an Bedeutung. Dazu gehören neben der Stressreduktion die Krebsvorsorge, mehr Ballaststoffe zu essen, ein gutes soziales Netzwerk zu haben, Gewichtsverlust, weniger Alkohol zu trinken, Raucherentwöhnung und die Kontrolle von Cholesterin und Blutdruck. So zeigt sich, dass die kombinierten Auswirkungen von vier Verhaltensweisen, nämlich Nichtrauchen, körperliche Aktivität, mäßiger Alkoholkonsum und der Verzehr von mindestens fünf Portionen Obst und Gemüse pro Tag einem Menschen rund 14 zusätzliche Lebensjahre schenken.

Die erläuterte Krebsvorsorge ist schon deshalb so wichtig, da jeder zweite Mensch im Lauf des Lebens an Krebs erkrankt. So führt der „*Europäische Kodex gegen Krebs*" der Europäischen Union 7 Leitlinien zur Vorsorge für den

Alltag auf, die auf stabilen wissenschaftlich Erkenntnissen beruhen: *(I)* Nicht zu rauchen. Wenn Ihnen dies nicht gelingt, rauchen Sie nicht in Anwesenheit von Nichtrauchern, vor allem nicht vor Kindern, *(II)* vermeiden Sie Übergewicht, *(III)* bewegen Sie sich täglich, *(IV)* essen Sie mindestens fünf Portionen Obst und Gemüse pro Tag. Essen Sie wenig tierisches Fett, *(V)* beschränken Sie Ihren Alkoholkonsum auf maximal zwei Gläser pro Tag als Mann oder auf ein Glas pro Tag als Frau, *(VI)* vermeiden Sie übermäßige Sonnenbestrahlung. Besonders Kinder und Jugendliche müssen geschützt werden. *(VII)* Halten Sie genauestens jene Vorschriften ein, welche Sie vor einer Exposition gegenüber bekannten krebserregenden Stoffen schützen sollen. In eine ähnliche Kerbe schlägt *Rasmussen-Torvik* mit ihren 7 Lebensstil-Regeln, wonach jene, die sich ihre Lebensstil-Regeln zu Herzen nehmen, damit das Risiko für eine Krebserkrankung senken. Ärzte können demnach Präventionsempfehlungen aussprechen, die das Risiko für chronische Erkrankungen umfassend senken. Diese „*Life's Simple 7*" sind: *(I)* Körperlich aktiv sein, *(II)* ein normales Gewicht, *(III)* gesund essen, *(IV)* ein vernünftiger Cholesterinspiegel, *(V)* Blutdruck halten, *(VI)* ein empfohlener Blutzuckerspiegel und *(VII)* nicht zu rauchen. *Rasmussen-Torvik* bezog 13.253 weiße und farbige US-Amerikaner und US-Amerikanerinnen in ihre Untersuchung ein. 1987 wurden sie in die Studie aufgenommen und nach ihrem Lebensstil befragt. Rund 20 Jahre später hatten 2.880 der Studienteilnehmer ein Tumorleiden entwickelt. Wer sechs oder sieben der *Life's*

Simple 7 beachtete, senkte damit sein Krebsrisiko um 51 Prozent gegenüber Teilnehmern, die keine der 7 Regeln beachteten. Die Berücksichtigung von vier Faktoren senkte das Risiko um ein Drittel, wer einen oder zwei Faktoren beachtete, reduzierte die Gefahr um rund ein Fünftel.

All diese Dinge sind für Ihr Wohlbefinden unglaublich wichtig und ich möchte Ihre Bemühungen in keinem Fall mindern. Aber was kommt zuerst? Was hat den größten Einfluss und macht den größten Unterschied für Ihre Gesundheit? Zum einen ist es das erläuterte „*richtige*" Denken, Ihre *innere Einstellung*, welche es gilt in den Griff zu bekommen. *Abraham Lincoln* merkte dazu an: *„Wenn ich Gutes tue, fühle ich mich gut und wenn ich Schlechtes tue, dann fühle ich mich schlecht – und das ist meine Religion."* Zum anderen liegt es am „*aktiven Tun*". *Hippokrates*, ein griechischer Arzt und Lehrer, der als der berühmteste Arzt des Altertums gilt, sagte: „*Gehen ist die beste Medizin des Menschen.*" Man kann sagen, er lebte damals in einer anderen Zeit und wir haben mit Problemen zu kämpfen, welche Menschen zu dieser Zeit nicht hatten – aber er hat noch heute recht. Das Beste, was Sie für Ihre Gesundheit tun können, ist täglich zumindest eine halbe Stunde aktiv zu sein. Daraus resultiert eine Vielzahl von Vorteilen für Ihr Wohlbefinden. Untersuchungen zeigen, dass starke Fettleibigkeit, hoher Blutdruck, Rauchen, Diabetes, Alkoholkonsum und hohes Cholesterin weit weniger der Gesundheit schaden als eine geringe körperliche Fitness – sie besitzt die stärkste Vorhersagekraft für den Tod. Bewegung hilft darüber hinaus bei Arthritis, Demenz, Diabetes, Angst, Depressionen, Müdigkeit und Schlafstörungen. Aktivität verbessert gemeinhin die Qualität Ihres Lebens.

Kleine Dinge ändern, um große Veränderungen zu bewirken

Viele Menschen versäumen das kleine Glück, während sie auf das große vergebens warten.

– Pearl S. Buck

Wohlbefinden und Gesundheit sind ein großer Segen für die Menschen, erklärt man diese jedoch zum unmittelbaren *Hauptzweck* seines Lebens, ist die *Hypochondrie* nicht mehr fern. Man kann die Chancen auf gute Gesundheit erhöhen, indem man die übertriebene, anhaltende, unbegründete Angst vor ernsthaften Krankheiten ablegt. Dazu gehört Konflikte zu lösen, sodass sich diese nicht verhärten und ebenso vorrangig nach gesunder Ernährung, Bewegung und dem rechten Maß zwischen Stille, Ruhe, Rückzug und Aktivität zu streben. Krankheiten können einen hinweisenden Charakter besitzen und zum Innehalten bewegen. Welche inneren Vorgänge wurden verdrängt oder ist die Seele von Zorn und Groll zerfressen? Ist man mit sich selbst im Reinen und geht man gut, wohlwollend und offen mit sich und anderen um? Ist Erkenntnis der anderen, Selbsterkenntnis und Liebe zu anderen und uns selbst im ausreichenden Maße vorhanden? Wie steht es um das Wechselspiel zwischen Arbeit, Sport, Spiel, Ernährung und Natur?

Selbst wenn Sie etwas Großartiges erreichen, wird dieses Hoch nicht von Dauer sein. Es wird Sie nicht alleine glücklich machen. Sie müssen daran „*arbeiten*", sich selbst glücklich zu machen und Ihr Wohlbefinden zu halten. Ihr Glück und Wohlbefinden oder Ihr Mangel daran sind in Ihren Gewohnheiten verwurzelt. Es ist schwierig neue Gewohnheiten dauerhaft anzunehmen – insbesondere solche, die immaterielle Werte beinhalten, welche betreffen, wie Sie die Welt sehen – Gewohnheiten zu brechen, die Sie unglücklich machen, ist jedoch viel einfacher.

Dazu gehört andere zu *beeindrucken*. Die Leute werden Ihre Kleidung, Ihr Auto, Haus und Ihren ausgefallenen Beruf mögen, aber das bedeutet nicht, dass diese Sie als Mensch mögen. Ich kannte jemanden, der mit seinem auffälligen Auto gelegentlich seine Verwandten besuchte und es seinen Freunden zeigte. Und er dachte, das wäre Freude. Er empfand dabei wirklich Freude. Aber glauben Sie wirklich, dass seine Verwandten und Freunde, von denen einige Schwierigkeiten hatten, über die Runden zu kommen, die Freude gleichermaßen mit ihm teilten? Auf keinen Fall. Sie teilen keine Freude mit ihm. Sie hatten Probleme, sich Tickets für öffentliche Verkehrsmittel zu leisten. Tatsächlich denke ich, was er tat, führte eher dazu, dass sie neidisch und eifersüchtig auf alles wurden, was er hatte. Der Versuch, andere Menschen zu beeindrucken, ist eine Quelle des Unglücks, weil er nicht zur Quelle dessen führt, was Sie glücklich macht – Menschen zu finden, die Sie mögen und Sie so akzeptieren, wie Sie sind. All die Dinge, die Sie erwerben, um Menschen zu beeindrucken, werden Sie nicht glücklich machen. Es gibt einen Ozean von Forschungsergebnissen, die zeigen, dass materielle Dinge nicht Ihr Glücksempfinden steigern. Wenn Sie es sich zur Gewohnheit machen, materielle Dinge zu verfolgen, werden Sie wahrscheinlich unglücklich. Dies deshalb, da Sie über die Enttäuschung hinaus, die Sie erleben, wenn Sie sie erhalten, feststellen werden, dass Sie sie auf Kosten von realen Dingen gewonnen haben, die Sie wirklich glücklich machen könnten – wie beispielsweise Verwandte, Familie, Freunde und gut auf sich selbst aufzupassen. Es ist nichts Falsches daran, wohlhabend zu sein. Ich denke, es ist absolut in Ordnung. Viele Menschen sind mit gutem Reichtum gesegnet, aber das Problem ist, dass viele von uns damit nicht umgehen können. Je mehr wir haben, desto mehr wollen wir. Je tiefer das Loch, das wir graben, desto mehr werden wir hineingezogen, so sehr, dass wir Reichtum verehren und den Fokus verlieren. Anstatt sich mehr nicht weltlichen Dingen zuzuwenden, verehren wir Dinge und Besitztümer. Es ist ein menschlicher Instinkt und es ist schwierig, da rauszukommen.

Nicht zu staunen ist eine jener Gewohnheiten, die Sie ebenso brechen können, um Unglück loszulassen. Jeden Tag passieren erstaunliche Dinge um Sie herum, wenn Sie nur wissen, wo Sie suchen müssen. Die Technologie hat uns so viel weitergebracht, die Welt aber auch viel kleiner gemacht. All die neuen Entdeckungen brachten es mit sich, dass diese auf dem Rücken des wahren Erlebens von Ehrfurcht ausgetragen wurden. Wahre Ehrfurcht ist demütig. Ehrfrucht erinnert uns daran, dass wir nicht das Zentrum des Universums sind. Ehrfurcht ist auch inspirierend und unterstreicht den Reichtum des Lebens und unsere Fähigkeit, sowohl zum Leben beizutragen als auch davon fasziniert zu sein. Es ist schwer glücklich zu sein, wenn Sie jedes Mal, wenn Sie etwas Neues sehen, nur mit den Schultern zucken. Dazu muss ich an meinen Freund von zuvor mit dem Auto denken. Leider erkrankte er unheilbar, die Ärzte konnten nichts mehr für ihn tun und der Gedanke an seinen Besitz brachte ihm keine Freude mehr. Das Gefühl er könne sein Auto oder sein Haus im Schlaf umarmen... nein, das passierte leider nicht. Glauben Sie, Sie können sich an diesem Stück Metall festhalten und es wird Ihnen wahre Freude bereiten? Nein, das wird sich so nicht ereignen. Es brachte ihm zum Ende hin keinen Trost – auch wenn er dies anfangs dachte. Was ihm in den letzten Monaten wirklich Freude bereitete, war die Interaktion mit seinen Lieben, Freunden, Menschen, die sich wirklich um ihn kümmerten. Sie lachten und weinten mit ihm und waren in der Lage, die Schmerzen und Leiden auszumachen, die er durchmachte. Das verhalf ihm zu mehr Freude, Glück und Wohlbefinden. Ironischerweise hatte dieser Freund eine Bekannte namens Julia. Wenn Julia den Weg entlangging und eine Schnecke sah, hob sie diese Schnecke tatsächlich auf und legte sie auf einer sicheren Rasenfläche nieder. Er dachte: *„Warum tut sie das? Warum sich die Hände schmutzig machen? Es ist nur eine*

Schnecke." Die Wahrheit ist, dass sie für die Schnecke empfinden und sich in diese hineinfühlen konnte. Der Gedanke, zu Tode zerquetscht zu werden, ist für sie real, aber für ihn war es eben lediglich eine Schnecke. Er meinte dazu: *„Wenn sie dem Weg der Menschen nicht entkommen können, dann haben Sie es verdient, beseitigt zu werden. Das ist schließlich Teil der Evolution, nicht wahr?"* Die Wahrheit ist, keiner von uns glaubt, dass er sterben wird, denn wenn wir das tun, würden wir die Dinge anders sehen.

<u>*Kritisieren, Negativität, Gesellschaft negativer Menschen.*</u>
Andere Menschen zu beurteilen und schlecht über sie zu sprechen, ist für viele zur Gewohnheit geworden und fühlt sich fast so an, als würde man sich ein delikat dekadentes Essen gönnen. Es mag sich gut anfühlen, während Sie es tun, aber danach fühlen Sie sich schuldig und krank. Darüber hinaus ist Negativität ein Übel, dem viele Menschen machtlos ausgeliefert sind. Das Leben wird nicht immer so verlaufen, wie Sie es möchten, aber wenn es darauf ankommt, haben Sie die gleichen 7 Tage in der Woche wie alle anderen. Anstatt sich darüber zu beschweren, wie die Dinge sein hätten können oder sollen, reflektieren Sie alles, wofür sie dankbar sind. Dann finden Sie die beste verfügbare Lösung für das Problem, gehen es an und fahren fort. Demnach spielt der Glaube auf dem Weg dorthin eine bedeutend große Rolle. Sie werden unweigerlich zu dem, von dem Sie glauben, dass Sie es sind. Wenn Sie genug Zeit damit verbringen, zu sagen: *„Ich bin nicht schön und klug genug und meine Gesundheit wird immer schlechter"*, ist es wahrscheinlich,

dass Sie eines Tages recht behalten werden. Gegenteiliges trifft ebenso zu: Wenn Sie glauben, dass Sie klug genug, dünn genug und wohlhabend genug sind, um den nächsten positiven Schritt nach vorne zu machen, werden Sie im Laufe der Zeit wahrscheinlich die Fähigkeiten erwerben, genau diese Dinge auf Ihrem gewünschten Erwartungsniveau zu sein. Deshalb schürt *Unglück* nichts so sehr wie *Pessimismus*. Das Problem einer pessimistischen Einstellung ist, abgesehen von dem Schaden, den sie Ihrer Stimmung zufügt, dass sie zu einer selbsterfüllenden Prophezeiung wird. Das bedeutet, wenn Sie schlechte Dinge erwarten, ist es wahrscheinlicher, dass Sie schlechte Dinge bekommen. Die Gesellschaft negativer Menschen trägt nicht minder dazu bei. Beschwerdeführer und negative Menschen sind schlechte Nachrichten, weil sie sich in ihren Problemen suhlen und sich nicht auf Lösungen konzentrieren. Sie möchten, dass sich die Menschen ihrer Negativität anschließen, damit sie sich besser fühlen. Menschen werden so unter Druck gesetzt, Beschwerdeführern zuzuhören, weil sie nicht als gefühllos oder unhöflich angesehen werden möchten. Aber es gibt eine feine Grenze zwischen dem Verleihen eines sympathischen Ohrs, Wohlwollen, Mitgefühl und dem Eintauchen in die negativen emotionalen Spiralen dieser Menschen.

Die Gewohnheiten der <u>Angst nachzugeben</u> und die <u>Gegenwart zu verlassen</u> betreffen nicht mindere negative Gepflogenheiten. Angst ist nichts anderes als eine anhaltende Emotion, die von Ihrer Fantasie beflügelt wird. Gefahr ist real. Es ist der unangenehme Rausch des

Adrenalins, den Sie verspüren, wenn Sie beinahe von einem LKW überfahren werden. Angst ist eine Wahl. Sie werden Ihr Wohlbefinden steigern und süchtig nach diesem euphorischen Gefühl, wenn Sie Ihre Ängste überwinden. Vergangenheit und Zukunft sind wie Angst – Produkte Ihres Geistes. *Schuld* kann die Vergangenheit nicht abändern und *Angst* kann die Zukunft nicht verändern. Es ist unmöglich, Ihr volles Potenzial auszuschöpfen, wenn Sie ständig woanders sind und die Realität des Augenblicks (gut oder schlecht) nicht vollständig erfassen können. Aus diesem Grund sollten Sie sich darauf konzentrieren im gegenwärtigen Moment zu leben. Das fällt leichter, indem Sie die Vergangenheit akzeptieren. Wenn Sie mit Ihrer Vergangenheit keinen Frieden schließen, wird sie Sie niemals verlassen und Ihre Zukunft gestalten. Man kann die Zukunft nicht vorhersagen, aber aus der Vergangenheit lernen und die Gegenwart so besser verstehen. Deshalb akzeptieren Sie die Unsicherheit der Zukunft und stellen Sie keine unnötigen Erwartungen an sich. Sorgen haben so im „*Jetzt*" keinen Platz. Wir können nicht all unsere Umstände und auch nicht unsere Gene kontrollieren, aber wir können uns von Gewohnheiten befreien, die keinem anderen Zweck dienen, als unser Wohlbefinden in Mitleidenschaft zu ziehen. Lassen Sie sich von der Gesellschaft oder den Medien nicht sagen, wie Sie leben oder was Sie tun sollen. Denn wahres *Glück* kommt von innen, seiner selbst und für andere da zu sein.

Entscheide dich zu leben und wie du den morgigen Tag beginnen möchtest

Was du für andere tust bestimmt den Wert deines eigenen Lebens.

– Alice Schumacher

Stellen Sie sich vor, das Leben ist ein Spiel, in dem Sie mit fünf unterschiedlichen Kugeln jonglieren. Diese Kugeln heißen Familie, Wohlbefinden/ Gesundheit, Arbeit, Freunde und Rechtschaffenheit. Sie halten all diese Kugeln in Ihrer Hand. Eines Tages begreifen Sie, dass die Arbeit wie ein Gummiball ist. Wenn Sie ihn fallen lassen, springt er wieder hoch. Die anderen vier Kugeln (Familie, Wohlbefinden/ Gesundheit, Freunde und Rechtschaffenheit) sind aus Glas. Wenn Sie eine von diesen Kugeln fallen lassen, wird sie unwiderruflich beschädigt und zerbricht in viele kleine Stücke. Aber auch wenn sie nicht gänzlich beschädigt wird, sie wird nicht mehr ganz so sein wie früher. Verstehen Sie die Botschaft der fünf Kugeln erst einmal, so haben Sie den Grundstein für ein ausgeglichenes und glückliches Leben gelegt.

Sie als Mensch haben eine auf den ersten Blick furchterregende und beunruhigende Macht zu wählen. Sie können Weisheit oder Torheit, zwischen Gut und Böse, Freundlichkeit oder Grausamkeit und zwischen Wahrheit und Unwahrheit wählen. Während wir nicht immer vollständig kontrollieren können, was mit uns passiert, können wir kontrollieren, wie wir auf das reagieren, was uns widerfährt, indem wir wählen. Das ist die Ihnen gegebene Macht, über die Sie verfügen und welche ebenso auf andere Menschen Auswirkungen hat. In jedem Moment, mit jeder Wahl, gestalten wir unser Schicksal auf bewundernswerte Weise, mit der wir die Realität aus dem Nichts formen. Sie sind nicht mehr und nicht weniger als die Entscheidungen, die Sie fortlaufend in Ihrem Leben getroffen haben.

Tiger Woods gilt als der erfolgreichste Golfspieler der Sportgeschichte, weil er sich fast jeden Tag seines Lebens dafür entschieden hat, auf den Golfplatz zu gehen und sich auf das Spiel zu konzentrieren – in Verbindung mit seinem natürlichen Talent, ein großartiger Golfspieler zu werden. *Mark Zuckerberg* ist Mark Zuckerberg, weil er sich entschieden hat, ein Unternehmen namens *Facebook* zu gründen, seine Komfortzone zu verlassen und eine einfachere Kommunikation zwischen den Menschen ermöglichen wollte. *John Mackey* ist John Mackey (weltweit größter Betreiber einer Biosupermarktkette), weil er aufstand, einen natürlichen Supermarkt gründete, der Menschen ermöglicht, ausschließlich „*natürliche*" Lebensmittel ohne künstliche Konservierungs-, Aroma-, Farb- und Süßstoffe und ohne gehärtete Fette zu erwerben.

Wenn Sie nicht wissen, wo Sie anfangen sollen oder hinwollen, stellen Sie sich langfristig (in etwa 5 bis 10 Jahren) das Leben vor, das Sie haben möchten. Gehen Sie dann die Entscheidungen rückwärts (von Ihrem ursprünglichen Ziel), die erforderlich sind, um Sie dorthin zu bringen und arbeiten Sie sich schrittweise bis zum

jetzigen Zeitpunkt zurück. Die freie und unabhängige Wahl ist der Schlüssel, der Ihnen Türen öffnet und Sie zu neuen Höhen führt. Selbst wenn Sie alles so belassen wie es ist und nichts weiter tun, treffen Sie mit dieser Entscheidung eine Wahl. Was auch immer Sie tun und wo immer Sie sind – Sie haben es in der Hand. Lassen Sie das Leben nicht einfach an Ihnen vorbeiziehen. Lassen Sie sich nicht von anderen entgegen Ihren Werten beeinflussen und geben Sie sich nicht der auferlegten Trägheit anderer hin – *wählen* Sie vielmehr, anstatt gedankenlos die Zeit bis zum Tod verstreichen zu lassen.
Alle Menschen stehen vor unterschiedlichen Entscheidungssituationen und haben die Wahl, wie sie den morgigen Tag beginnen. Dazu folgende *Anekdote*:

> Thomas war so ein Typ von der Sorte, der dich wirklich wahnsinnig machen konnte. Er war immer guter Laune und hatte immer etwas Positives zu sagen. Wenn ihn jemand fragte, wie's ihm ginge, antwortete er: *„Wenn's mir besser gehen würde, wäre ich zwei Mal vorhanden."* Er war der geborene Optimist, der immer einen Scherz von sich gab. Hatte einer seiner Angestellten mal einen schlechten Tag, meinte Thomas zu ihm, er solle die positive Seite der Situation sehen. Seine Art machte Menschen wirklich derart neugierig, dass sie wissen wollten, wie er das macht und nachfragten: *„Das kann ich einfach nicht verstehen. Du kannst doch nicht ständig ein positiv denkender Mensch sein, wie machst Du denn das?"*

Thomas sagte: „*Wenn ich am Morgen aufwache, sage ich mir stets was Positives. Du hast zwei Möglichkeiten. Du kannst wählen, ob Du guter oder schlechter Laune sein willst. Und ich will eben guter Laune sein. Jedes Mal, wenn etwas passiert, kann ich selbst wählen, ob ich der Leidtragende einer Situation sein oder ob ich etwas daraus lernen will. Jedes Mal, wenn jemand zu mir kommt, um sich zu beklagen, kann ich entweder sein Klagen akzeptieren oder ich kann auf die positive Seite des Lebens hinweisen. Ich habe die positive Seite gewählt.*" „*Ja, gut, aber das ist nicht so einfach*", war mein Einwand. „*Doch, es ist einfach*", antwortete Thomas. Das Leben besteht aus lauter Auswahlmöglichkeiten. Du entscheidest, wie Du auf gewisse Situationen reagieren willst. Du kannst wählen, wie die Leute deine Laune beeinflussen. Sein Motto ist: Du kannst darüber entscheiden, wie Du Dein Leben führen willst.

Ich dachte darüber nach, was Thomas gesagt hatte. Kurze Zeit später verließ ich meinen Industriebetrieb, um etwas Neues zu beginnen. Wir verloren uns aus den Augen, aber ich dachte oft an ihn, wenn ich mich für das Leben entschied, statt darauf zu reagieren.

Einige Jahre später erfuhr ich, dass Thomas in einen schweren Unfall verwickelt war. Er stürzte etwa 20 Meter von einem Fernmeldeturm. Nach 15 Stunden im Operationssaal und Wochen intensiver Pflege, wurde Thomas mit Metallstützen in seinem Rücken aus dem Krankenhaus entlassen. Als ich ihn fragte, wie es ihm ginge, erwiderte er: „*Wenn es mir besser ginge, wäre ich zwei Mal vorhanden. Möchtest Du meine Operations-*

narben sehen?" Ich verzichtete darauf, fragte ihn aber, was im Augenblick des Unfalls in ihm vorgegangen sei. *„Nun das erste, was mir durch den Kopf ging war, ob es meiner Tochter, die bald darauf zur Welt kommen sollte, gut ginge. Als ich dann so am Boden lag, erinnerte ich mich, dass ich zwei Möglichkeiten hatte: Ich konnte wählen, ob ich leben oder sterben wollte." „Hattest Du Angst? Hast Du das Bewusstsein verloren?"* wollte ich wissen. Thomas fuhr fort: *„Die Sanitäter haben wirklich gute Arbeit geleistet. Sie hörten nicht auf, mir zu sagen, dass es mir gut ginge. Aber als sie mich in die Notaufnahme rollten, sah ich den Gesichtsausdruck der Ärzte und Schwestern, der sagte: Er ist ein toter Mann. Und ich wusste, dass ich die Initiative ergreifen musste." „Was hast Du denn getan?"* fragte ich ihn. *„Nun, als mich so ein Ungetüm von Aufnahmeschwester mit lauter Stimme befragte und wissen wollte, ob ich auf irgendetwas allergisch sei, bejahte ich. Die Ärzte und Schwestern hielten inne und warteten auf meine Antwort. Ich atmete tief durch und brüllte zurück: Auf Schwerkraft! Während das ganze Team lachte, erklärte ich ihm: Ich entscheide mich zu leben. Also operieren Sie mich, als wäre ich lebendig und nicht tot."*

Thomas überlebte dank der Fähigkeiten seiner Ärzte, aber auch wegen seiner bewundernswerten Einstellung. Wir können von ihm lernen, dass wir jeden Tag die Wahl haben, in vollen Zügen zu leben oder nicht. Die innere Einstellung ist schließlich alles! Deshalb sorgen Sie sich nicht um das, was morgen sein wird. Jeden Tag gibt es genug, um das man sich sorgen muss. Und das Heute ist das Morgen, über das Sie sich gestern Sorgen gemacht haben. *Also*: Sie sind nicht für alle Dinge verantwortlich, die Ihnen passieren, aber Sie haben die vollständige Kontrolle über Ihre Einstellung und Ihre Reaktionen darauf. Nehmen Sie eine Politik der Freude an. Ich habe gelernt, dankbar für das zu sein, was ich habe, und nicht mehr zu beklagen, was ich nicht habe oder nicht kann. Sie können jeden Tag so leben, als ob es Ihr letzter ist, jedoch mit einem wachsamen Blick auf die Zukunft, falls es denn nicht so sein sollte. So werden Sie intensiver leben und ein sicheres Gespür für gute Gelegenheiten entwickeln.

Rituale für soziale Netzwerke und ein besseres Leben

Glück ist ein Parfüm, das du nicht auf andere sprühen kannst, ohne selbst ein paar Tropfen abzubekommen.
– Ralph Waldo Emerson

Wie bereits durchgeklungen ist, sind bedeutungsvolle Beziehungen und bedeutungsvolle Arbeit Eckpfeiler für *mehr Wohlbefinden* im Leben. Dennoch verläuft kein Leben ohne Schicksalsschläge. Humor, Gelassenheit, partielle Verdrängung, Realitätssinn, aus der Vergangenheit für die Zukunft zu lernen und Stoizismus können helfen *besser* mit *Schicksalsschlägen* umzugehen. Ständiges Grübeln, negatives und passiv-aggressives Verhalten, Alkohol- und Drogenexzesse, Ablehnung von

Hilfe und andere Menschen so zu sehen, wie sie einem ins Licht passen (und nicht so zu sehen wie sie wirklich sind), wirken sich auf *Schicksalsschläge* eher *schädlich* aus. Freunde, Kollegen, Partner und zwischenmenschliche Beziehungen führen zu einem deutlich höheren Wohlbefinden, als Sie dies mit finanziellen Mitteln oder Ihrem gesundheitlichen Zustand erreichen könnten. Menschen in funktionierenden sozialen Netzwerken, Familien und Freundeskreisen geht es deutlich besser als Menschen in zerrütteten Freundeskreisen und Familien. Das subjektive Empfinden der eigenen Lebenszufriedenheit hat kaum etwas mit gesundheitlichen Beschwerden oder dem wirtschaftlichen Umfeld der Menschen zu tun. Es zeigt sich vielmehr, dass ein von Leid geplagter, mittelloser Mensch, der in sozialen Netzwerken, Familien und gesellschaftlichen Gemeinschaften integriert ist, besser lebt, als ein entfremdeter wohlhabender Mensch ohne entsprechende soziale Bindungen. Untersuchungen belegen, dass Unglück in vielen unterschiedlichen Varianten zutage tritt – die zuvor erläuterten unglücklichen Gewohnheiten bestätigen das. Menschen führen dies häufig selbst herbei, beispielsweise indem Sie im erhöhten Maße Alkohol trinken und in weiterer Folge an Depression, Krebs oder anderen schlimmen Leiden erkranken und mit großen Schwierigkeiten zu kämpfen haben. So hat jemand, der alkoholkrank ist, eine im Durchschnitt 20 Jahre geringere Lebenserwartung. Hinzu kommt, dass langfristiger Alkoholmissbrauch zumeist chronische Folgekrankheiten mit sich bringt. Daraus resultierende psychische Leiden bergen ähnliche negative Begleiterscheinungen in sich.

Dazu eine kleine Geschichte eines sehr feinfühligen Freundes namens *Richard Button*. Geht man von den angeführten Annahmen zur Lebenszufriedenheit aus, so war nicht anzunehmen, dass er ein glücklicher Mensch war. Er trieb kaum Sport, rauchte und sprach dem Alkohol gut zu. Er heiratete viermal und dennoch war er dem Anschein nach glücklich. Die meisten Möchtegern-Musiker aus meinem Bekanntenkreis hatten Ende der 30er den Wunsch aufgegeben groß rauszukommen. Richard Button übte, musizierte, schrieb neue Songs und suchte sich immer wieder neue Bands – Tag für Tag, mehr als vierzig Jahre lang (auch wenn er kaum Auftritte hatte und die meisten seiner Songs nicht veröffentlicht wurden). Er war eine Ausnahmeerscheinung, in der ein verkanntes Genie steckte. Nach der vierten gescheiterten Ehe trat er einer Bewegung bei, welche die von Menschen verursachte globale Erwärmung (Klimawandel) leugnete. Kurz darauf verschuldete er am ersten Scheidungstag seiner vierten Ehe mit seinem Auto einen Unfall und verstarb – er brach sich das Genick (der Alkohol brachte auch hier sein Unheil mit sich). Alkohol ist nicht nur wie eben angeführt, sondern ganz allgemein Grundübel gescheiterter Existenzen und zerstörter Leben.

Neben dem Alkohol zeigt die seit mehr als 75 Jahren laufende „*Grant-Studie*" aber auch, dass drei weitere Rezepte für garantiertes *Unglück* sorgen: Der Tod eines Ehepartners, der Tod eines Kindes und die Wahl des falschen Lebenspartners. Sie sehen, dies alles steht im

Zusammenhang mit sozialen und zwischenmenschlichen Beziehungen. Deshalb liegt die wahre Glückseligkeit in der eben aufgezeigten echten und tiefen Bindung zu anderen Menschen und darin, nicht immer alles sofort und schnellstmöglich haben zu wollen, sondern weniger zu wollen und sich damit zufrieden zu geben. Das heißt folglich, seine Impulse zu kontrollieren und seinen Trieben nicht augenblicklich nachzugeben.

Um mit sozialen Beziehungen, Freundschaften und Netzwerken sein Auslangen zu finden und in diesen integriert zu sein, können Sie sich bestimmter Rituale bedienen, welche zugleich im *Stoizismus* zu finden sind. *(I)* Praktizieren Sie *selbstlosen Pazifismus*. „*Ist dies die schlechteste Rede, welche ich jemals gehalten habe? Vertrauen Sie mir, ich habe schon sehr viel schlechtere geschrieben und gehalten.*" Wie denken Verfechter der *stoischen Philosophie*, wenn jemand sagt, dass Sie nicht der klügste sind? „*Du gibst mir zu viel Anerkennung. Ich bin noch viel dümmer als sie denken.*" Wenn Ihnen jemand sagt, dass eine bestimmte Person schlecht über Sie spricht, entschuldigen Sie sich nicht für das, was über Sie gesagt wird, sondern antworten Sie: „*Er hat meine anderen Fehler nicht gekannt, sonst hätte er diese nicht allein erwähnt.*" Ja, die andere Person war gemein und handelte vielleicht nicht richtig. Aber was ist der Vorteil einer Eskalation der Dinge, bei der man sich ärgert oder gar zu einem direkten Kampf übergeht? Wenn Menschen Sie beleidigen, nehmen Sie es auf die leichte Schulter und antworten Sie einfach mit selbstironischem Humor. Dies hat auch längerfristige persönliche Vorteile für Sie. Wenn

Sie nicht harsch und ohne Groll reagieren, verbessern Sie noch dazu Ihre Selbstkontrolle. Sofern Sie den Ton ignorieren und nur auf den Inhalt der Beleidigung hören, erhalten Sie gelegentlich nützliche Rückmeldungen, wie Sie sich verbessern können. Je mehr Sie sich darin üben, *Beleidigungen* zu ertragen, desto stärker fühlen Sie sich psychisch. Es lohnt sich ebenso, den schmerzenden Aspekt der Aussagen Ihres Gegenübers zu ignorieren, um sich auf das zu konzentrieren, was andere Menschen möglicherweise richtig sehen oder gemacht haben und was Ihnen gegebenenfalls entgangen ist. Es gibt überhaupt keinen Grund anzunehmen, warum Beleidigungen, auch wenn sie als solche gemeint sind, keine lehrreichen Momente für uns bereithalten sollten. *(II)* Jemand *schaut* Ihnen über Ihre *Schulter*. Wenn Sie nun jemand beleidigt, wissen Sie, dass Sie mit selbstironischem Humor kontern werden. Aber was ist, wenn Sie derjenige sind, der etwas Schreckliches sagt? Wie stellen Sie sicher, dass Sie nichts sagen, was Sie bereuen werden? Möchten Sie sicherstellen, dass Sie sich richtig verhalten? Stellen Sie sich vor, jemand, den Sie schätzen und den Sie respektieren, steht hinter Ihnen. Vielleicht ist es ein Familienmitglied, Kollege oder einer Ihrer früheren „*Lehrmeister*". Der römische Philosoph *Seneca* meinte, man solle sein Leben lang denken, jemand schaut über seine Schulter. Grundsätzlich tun Sie so, als müssten Sie diesem „*zweiten Ich*" immer Ihre Handlungen erklären. Das heißt jedoch nicht, nicht das Leben zu führen, das Sie führen wollen – es heißt lediglich nicht zu bereuen, was Sie sagen. *(III) Nicht* immer *Sie*. Hören Sie auf, über sich selbst zu reden.

Ja, über sich selbst zu sprechen fühlt sich gut an. Untersuchungen haben ergeben, dass Ihr Gehirn es lohnender findet und mehr Freude daran hat als an Geld oder Essen. Lassen Sie jedoch andere über sich sprechen und Ihr Gegenüber wird Ihre Gesellschaft mehr genießen. Konzentrieren Sie sich auf die andere Person. Vermeiden Sie mit Gesprächspartnern eine häufige und übermäßige Erwähnung Ihrer eigenen Handlungen und Taten. So angenehm es für Sie auch sein mag, Ihre Leistungen und „*Kunststücke*" zu erwähnen, sie sind für andere nicht gleichermaßen bedeutend und angenehm. *(IV) Behandeln Sie alle als Familie*. Behandeln Sie Menschen als Ihre Brüder und Schwestern und sie werden sich wahrscheinlich revanchieren. Die meisten von uns sehen ihre *Familie* näher als *Freunde* und Freunde näher als *Fremde*. Das erklärt sich von selbst. Sie können diese 3 genannten Ebenen jedoch auch ein wenig näher zusammenziehen – und näher an Sie heran. Die Stoiker verfolgen eine ähnliche Herangehensweise. Sie sind der Auffassung, Sie sollten Menschen im gleichen Alter als Bruder und Schwester und Menschen, die älter sind als Sie, als Tante und Onkel ansprechen bzw. ihnen in dieser Weise gegenübertreten. Es ist eine Art kognitiver Verhaltenstherapie-Ansatz, aber wenn Sie diese Sache immer wieder durchspielen und wiederholen, dann fühlt es sich allmählich tatsächlich so an, als würden Sie anderen Menschen näher sein.

Wenn Sie sich an diesen 4 Punkten orientieren, so werden daraus tiefe und echte Bindungen mit anderen Menschen entstehen – worin das *wahre Glück* begründet liegt. Um in sozialen Beziehungen, Freundschaften und Netzwerken mehr Wohlbefinden und Zufriedenheit zu erlangen, empfiehlt es sich ebenso, mehr *Freude* zu wählen. Während uns Glück vielmehr passiert, ist *Freude* eine bewusste Entscheidung, die wir treffen. Glück hängt von äußeren Faktoren ab. Auch wenn wir es begehren, suchen, verfolgen und wollen, so ist das Gefühl des Glücks eine begrenzte Entscheidung, die wir treffen. Freude hingegen ist mehr als eine Gefühlsregung oder Emotion. Es ist eine Haltung, die wir einnehmen können. Es ist eine Linse, durch die man die Welt sehen kann. Es ist eine Wahl, die Sie treffen und mit dieser Wahl werden Sie *Freude* haben. Unweigerlich führt dies dazu, dass Sie stets freundlich sind. Freundlichkeit ist, wenn Sie sich in die Probleme anderer einfühlen, wenn Sie andere so behandeln, wie sie behandelt werden möchten, wenn Sie selbstlos denken und handeln, ohne eine Gegenleistung zu erwarten und wenn Sie andere für ihre Arbeit schätzen. Einer meiner ehemaligen Kollegen sagte immer: „*Das Leben ist hart wie das Bergwerk, jeder den du triffst, führt eine Schlacht, jeder ist einsam und jeder trägt sein Säckchen mit sich.*" Lernen Sie vor diesem Hintergrund, freundlich und mitfühlend mit anderen umzugehen. Das ist Ihre einzige Hoffnung, glücklich zu leben und diese Welt als einen besseren Ort zu verlassen, als Sie diese vorgefunden haben.

Wenn Sie solch eine Haltung einnehmen, können Sie anderen auch leichter ihre Fehler verzeihen. Vergeben Sie immer und immer wieder. Streit, wüste Auseinandersetzungen, unterschwellige Konflikte, gebrochene Herzen

– auch das ist das Leben. Egal, ob es sich um einen Streit mit einem Freund handelt, mit dem Sie sich verbunden fühlten oder um die berufliche Laufbahn, die Sie sich gewünscht haben. Es ist das Leben, es wird passieren. Sehen Sie dies als eine Erfahrung von vielen und fahren Sie fort. Halten Sie niemals an Groll, Wut oder Zorn gegen andere und sich selbst fest. Wenn wir Unversöhnlichkeit hegen und andere für all unser Leid verantwortlich machen, frisst uns dies langsam auf, erzeugt Hass und zerstört unsere Beziehungen zu diesen anderen Personen – und auch gegenüber unserem eigenen „*Ich*". Entscheiden Sie sich hingegen zu vergeben, ist es wie ein sofortiger wundersamer Heilungsprozess. Es ist der Schlüssel zum Weitermachen – auch wenn nicht alles vergessen werden kann.

Das Handeln der Menschen ist durchaus nicht immer erklärlich und diese werden hier und da nicht so verfahren, wie Sie es sich wünschen. Deshalb sollten Sie, bei der Wahl für ein glückliches Leben, Ihr Handeln stets mit einem Ziel verbinden, nicht aber mit Menschen oder Dingen. Trainieren Sie die geistig-seelischen Muskeln Ihres Gemüts, indem Sie mit den Schultern zucken und sich sagen: „*Na gut, dann eben nicht und eben anders.*" Danach lassen Sie den Vorfall los. Versuchen Sie, so freundlich wie möglich zu sich selbst zu sein, indem Sie sich eigene Fehler verzeihen. Wenn Sie lernen, anderen und sich selbst zu vergeben und loszulassen, werden Sie überrascht sein, die Leichtigkeit und Freiheit zu entdecken, die sich danach in Ihnen entfaltet. Vergebung löscht nicht unbedingt all Ihren Schmerz und Ihre

Erinnerungen aus. Aber es bedeutet, dass der Schmerz nicht mehr im Mittelpunkt steht und leichter wird.

Dabei die eigenen *Unvollkommenheiten* nicht aus dem Auge zu verlieren, führt dazu, dass Verzeihen geübt und angenommen wird. Während wir durch das beirrte Wasser des Lebens waten, neigen wir uns tief der Hoffnung hin, dass wir es irgendwann schaffen werden, uns in einer Reihe von Bereichen gut niederzulassen und Perfektion zu finden. Wir malen uns aus, eines Tages gesunde Beziehungen zu pflegen, ein glückliches Familienleben zu führen, in unserer Arbeit bzw. bei unseren Aktivitäten mehr zu blühen und den Respekt anderer zu wahren. Aber das Leben hat die Angewohnheit uns Überraschungen zu bereiten und uns manchmal mit überwältigenden Fluten heimzusuchen. Es gibt uns gelegentlich eine Reihe von Schlägen, die unsere Träume zerbrechen lassen. Und wie bei einer Lieblingstasse oder einem Lieblingsteller tun sich hin und wieder Risse auf – und auch wir selbst können dabei brechen. Natürlich sollen Sie sich in diesem Fall nicht „*wegwerfen*". Stattdessen können Sie Ihre Schönheitsfehler genießen und lernen, diese Narben in Kunst zu verwandeln und mit Freude zu nehmen – unsere Schwächen sollten uns vielmehr ein Lächeln kosten und nicht den Humor. „*Kintsugi*", eine alte japanische Praxis, welche zerbrochenes Keramik gekonnt verschönert, widmet sich diesem künstlerischen Aspekt. In der *Zen-Ästhetik* sollen Keramik- oder Porzellanbruchstücke und andere zerbrochene Teile sorgfältig aufgenommen, mit *Urushi-Lack* geklebt, fehlende Scherben mit einer in mehreren Schichten aufgetragenen *Urushi-Kittmasse* ergänzt und in feinstes Pulvergold oder andere Metalle wie Silber und Platin eingestreut werden. Die Japaner glauben, dass die goldenen Risse die Stücke noch wertvoller machen. Diese Kunst umfasst den Bruch als Teil der jeweiligen Objektgeschichte, anstatt etwas als inakzeptabel herabzuwürdigen, um versteckt oder weggeworfen zu werden.

Es ist schön sich *Kintsugi* als *Metapher* für Ihr Leben vorzustellen und die zerbrochenen, schwierigen oder schmerzhaften Teile von Ihnen im strahlenden Licht zu sehen und als wertvoll zu erachten. Dies lehrt, dass erfahrene „*Risse*" Sie stärker und besser machen als je zuvor. In Zeiten, in denen Ihnen Leid widerfährt, Sie verletzt oder abgelehnt werden, können Sie sich total erschöpft und niedergeschlagen fühlen. Es kann aber auch eine seltsame Schönheit und anmutige Reise in der Art und Weise sein, wie Sie die *Risse* in Ihrem Leben verarbeiten und welche Lehren Sie daraus ziehen. Sie können sich entscheiden Brüche, Kratzer und Risse zu beschönigen, sie verbergen, überdecken und zu überspielen oder Sie können sich entscheiden, als Sie selbst in die Welt hinauszugehen.

Glück und Unglück – nur auf den ersten Blick

Sei, wer du bist, und sag, was du fühlst! Denn die, die das stört, zählen nicht – und die, die zählen, stört es nicht.
— Theodor Seus Geisel

Die *Launen der Natur* können manchmal schrecklich munden – aber Sie können sie dennoch gebrauchen. Dann und wann werden Sie im Leben von einem Unglück getroffen – verlieren Sie nicht den Glauben. Sagen Sie sich, egal wie schlimm die Dinge sind, die Sonne geht am nächsten Tag immer wieder auf. Häufig ist dann das Einzige, was Sie am Laufen hält, dass Sie lieben, was Sie tun. Finden Sie das, was Sie lieben – das gilt für Ihre Arbeit, genauso wie für Ihre geliebten Menschen sowie den Menschen den Sie lieben. Ihre Arbeit wird einen großen Teil Ihres Lebens ausfüllen und der einzige Weg, wirklich zufrieden zu sein, besteht darin, das zu tun, was Sie für hervorragende Arbeit halten. Die einzige Möglichkeit wiederum großartige Arbeit zu leisten, besteht darin zu lieben, was Sie tun. Wenn Sie beides noch nicht gefunden haben, suchen Sie weiter und geben Sie sich nicht mit weniger zufrieden.

In einer Gesellschaft, der es an Herabwürdigungen, egozentrischen und exzentrischen Verhaltensweisen nicht mangelt, kann es einem schwerfallen, nur zu beobachten, ohne zu urteilen und zu bewerten. Missbrauchtes Vertrauen, mangelnde Integrität oder unheilbringende Schicksalsschläge können *„damals"* ziemlich beängstigend gewirkt haben, aber rückblickend Ereignisse sein, um daran zu wachsen und bessere Entscheidungen zu treffen. Natürlich ist es nicht immer einfach bis unmöglich, die Ereignisse miteinander zu verbinden, wenn diese gegenwärtig geschehen, aber es wird Jahre später sehr viel klarer sein, wenn man darauf zurückblickt. Sie können die Ereignisse nicht im Vorfeld miteinander verbinden, sondern nur mit Blick nach hinten. Man muss folglich darauf vertrauen, dass sich die Geschehnisse in der Zukunft irgendwie gemeinsam verknüpfen und *Sinn* ergeben. Sie müssen auf etwas vertrauen, auf Ihr Leben, das Schicksal, Ihren Bauch, die Intuition, das Karma oder Tao – was auch immer. Denn wenn Sie glauben, dass sich die Ereignisse später einmal verbinden und zum Guten wenden, können Sie sicher sein, Ihrem Herzen zu folgen. Selbst wenn es Sie vom herkömmlichen, abgenutzten Weg entfernt, wird das den Unterschied ausmachen. Dazu die folgende kleine *Geschichte*:

> Zwei reisende Engel machten halt, um die Nacht im Hause einer wohlhabenden Familie zu verbringen. Die Familie war unhöflich und verweigerte den Engeln, sich im Gästezimmer des Haupthauses auszuruhen. Stattdessen bekamen sie einen kleinen Platz im kalten Keller. Als sie sich auf dem harten Boden ausstreckten, sah der ältere Engel ein Loch in der Wand und reparierte es. Als der jüngere Engel fragte, warum, antwortete der ältere Engel: „*Die Dinge sind nicht immer das, was sie zu sein scheinen.*"
>
> In der nächsten Nacht rasteten die beiden im Haus eines sehr armen, aber gastfreundlichen Bauern und seiner

Frau. Nachdem sie das wenige Essen, das sie hatten, mit ihnen geteilt hatten, ließen sie die Engel in ihrem Bett schlafen, wo sie gut schliefen. Als die Sonne am nächsten Tag den Himmel erklomm, fanden die Engel den Bauern und seine Frau in Tränen. Ihre einzige Kuh, deren Milch ihr einziges Einkommen gewesen war, lag tot auf dem Feld.

Der jüngere Engel wurde wütend und fragte den älteren Engel, wie er das habe geschehen lassen können. *„Der erste Mann hatte alles, trotzdem halfst du ihm"*, meinte er anklagend. *„Die zweite Familie hatte wenig, und du ließt die Kuh sterben."* *„Die Dinge sind nicht immer das, was sie zu sein scheinen"*, sagte der ältere Engel: *„Als wir im kalten Keller des Haupthauses ruhten, bemerkte ich, dass Gold in diesem Loch in der Wand steckte. Weil der Eigentümer so von Gier besessen war und sein glückliches Schicksal nicht teilen wollte, versiegelte ich die Wand, sodass er es nicht finden konnte. Als wir dann in der letzten Nacht im Bett des Bauern schliefen, kam der Engel des Todes, um seine Frau zu holen. Ich gab ihm stattdessen die Kuh. Die Dinge sind nicht immer das, was sie zu sein scheinen."*

Es fällt schwer zu beobachten und nicht zu bewerten – und wenn wir ein Urteil fällen, heißt das noch lange nicht, dass wir richtig liegen. Häufig stellen sich misslungene Vorhaben und Enttäuschungen rückblickend als Segen heraus, welche nachträglich das eine oder andere Mal ein Lächeln auf unser Gesicht zaubern können. Wie bereits erläutert: Es ist schwierig bis unmöglich, die Ereignisse miteinander zu verbinden, wenn sie sich gegenwärtig entwickeln, aber es wird nachträglich sehr viel klarer sein, wenn man darauf zurückblickt.

Normalerweise wird über das Wohlbefinden geschrieben, wie wichtig es für das persönliche Leben nicht ist und man sich immer fühlen sollte, als könnte man „*Bäume*" ausreißen. Es dreht sich alles um ein ständiges Leben in Fülle. Ich werde das an dieser Stelle <u>nicht</u> tun und auch sagen warum. Von Zeit zu Zeit werden Sie sich nicht wohlfühlen und Sie werden Dingen ausgesetzt sein, welche Sie auf den ersten Blick als unkomfortabel wahrnehmen werden. Sei es aufgrund gesundheitlicher Beschwerden, einer ungerechten Behandlung durch Mitmenschen, einem anderen engeren Personenkreis oder ähnlicher Schicksalsschläge. Wenn Ihnen das widerfährt, so offenbart Ihnen dies den <u>Wert</u> Ihrer *Gesundheit* und der *Gerechtigkeit*. In jedem negativen Keim, der sich in Ihrem Leben auftun wird, steckt auch etwas Positives – so auch in *Missgeschicken* und im *Unglück*. So wird Ihnen erst die <u>Rolle</u> des *Glücks* in Ihrem Leben bewusst. Es hilft Ihnen zu erkennen, dass Erfolg nicht immer vollkommen verdient ist – wie auch Misserfolg und die Fehler oder Risiken anderer Menschen, welchen diesen zufielen. Es ist gut im Leben auch ignoriert und nicht wertgeschätzt zu werden. Dies erlaubt nur, die <u>Bedeutung</u> des *Zuhörens* und *Respekts* zu erfahren. Auch halten körperliche als auch seelische Schmerzen etwas für Sie bereit – sie <u>lehren</u> Ihnen *Demut, Mitgefühl* und *Mitleid* zu empfinden.

Sie werden sich von Zeit zu Zeit auch einsam, verlassen und vergessen fühlen. Aber das zeigt Ihnen nur die <u>Bedeutung</u> von *zwischenmenschlichen Beziehungen*,

Freunden und *Verwandten*. Sie werden Situationen, Personen oder vermeintlichen Freunden ausgesetzt sein, welche einen betrügerischen Anschein erwecken und Ihnen nicht wohlgesonnen sind. Aber auch das wird Sie lehren – nämlich den Wert der *Loyalität* und *Integrität*. Sie sehen, auf den ersten Blick nicht sehr wohltuende Dinge, die sich ereignen. Dennoch sollten Sie sich in Erinnerung rufen, dass es gut ist, dass Sie diese misslichen Charakterzüge und Eigenschaften erfahren, da es Ihnen den Sinn der *Gerechtigkeit, Loyalität, Integrität* und die Tragweite von *Freunden* zeigen wird – sofern Sie für diese Werte stehen. Enttäuschungen mit Menschen werden Ihnen nicht erspart bleiben. Ich sage nicht, dass ich Ihnen diese nachteilhaften, schlechten und ungünstigen Lebenserfahrungen wünsche – aber sie werden Ihnen widerfahren. Wie Sie mit Unglückssituationen umgehen werden und welche Lehren Sie daraus ziehen, hängt ganz von Ihnen ab – und ebenso welche Botschaft Sie in dem erkennen, was Ihnen zuteilwird.

Wünschen Sie jedoch niemandem Unheil und Leid. Wir sind keine Richter und sollen uns nicht selbst durch unsere Rachsucht verderben. Menschen, die Fehler begingen und falsche Verhaltensweisen an den Tag legten und Sie diese aufgrund dessen verloren haben, fällen ihr eigenes Urteil über sich und haben sich damit ihre Strafe selbst auferlegt. Jeder hat schon einmal Fehler begangen und sich Risiken ausgesetzt, deshalb können wir es auch gut nachempfinden, wie sich die daraus resultierenden Konsequenzen anfühlen. Menschen brechen aufgrund dieser Fehler häufig auch den Kontakt zu Mitmenschen ab. Dadurch wollen sie verhindern, erneut enttäuscht oder verletzt zu werden. Sie werden jedoch niemals vollständig getrennte Wege gehen, wenn Sie diesen Menschen nicht aufrichtig verzeihen. Deshalb sollten Sie sich daran erinnern, Ihr Päckchen aus der Vergangenheit nicht länger vor sich herzutragen. Lassen Sie Vergangenes ruhen, denn ein Leben in längst vergangenen Zeiten mindert nur die Qualität Ihres täglichen Lebens. Verzeihen und den anderen Menschen von ganzem Herzen zu vergeben hilft dabei. Dieses Vergeben bedeutet Zorn, Groll, Missgunst und all die anderen negativen Emotionen hinter sich zu lassen, jedoch nicht immer den Menschen gänzlich loszulassen. Menschen die eine zweite Chance bekommen, sind häufig sehr dankbar und wissen dies auch zu schätzen. Es ist ebenso ein Zeichen einer ausgeprägten Charakterstärke. Dessen ungeachtet lautet ein grundlegendes Gesetz der Gerechtigkeit, dass sich die jeweilige Strafe nach der Art des Verbrechens richtet. Hinterfragen Sie demzufolge das etwaige Ausmaß der widerfahrenen Unehrlichkeit, ob Sie zu naiv in Bezug auf Unaufrichtigkeit oder Fehler sind oder waren und den Charakter der bestehenden Beziehung (wie und von wem wurden die illoyalen Handlungen begangen – Partner, Freunde, Bekanntschaften u.Ä.). Sagen Sie sich aber auch, dass wir zum Ende hin ohnedies vergeben. Im Falle einer zweiten Chance kann man noch freudige und glückliche gemeinsame Jahre zusammen verbringen und mitunter vergangene, belastende Zeiten besser vergessen. Dennoch sollten Sie in Ungnade gefallene Menschen nicht auf die leichte Schulter nehmen. Menschen, die sich bereits (nicht immer sichtbar) aufgegeben haben, werden Sie nicht ermutigen, wenn Sie für sich und andere Gutes bewirken. Und da bietet es sich schon mal an, einen ehemaligen trockenen Alkoholabhängigen auf ein Glas Wein oder Bier einzuladen oder den Exraucher eine Zigarette in die Hand zu drücken. Aufrichtigkeit, Geradlinigkeit und Erfolg machen neidisch und ermuntern solche Menschen zu Störaktionen. Deshalb braucht es manchmal die Kraft dieser *„reinigenden"* Gewitter. Wiesen und Wälder brauchen diese, um Unkraut und Überwucherung, welche in guten Zeiten entstanden sind, zu entfernen. In kritischen und schlechten Zeiten sehen Sie den Wert von Freunden – und wie tief diese mit Ihnen *„verwurzelt"* sind. Trotz allem schließen Sie Frieden mit in Ungnade gefallenen Menschen bzw. Freunden – so können Sie fortwährend leichter loslassen. Das bedeutet nicht, wir sollen Illoyalität und moralisch verwerfliches Verhalten sympathisch finden, wenn das nicht der Fall ist, sondern wir sollen Gutes wünschen.

Von Zeit zu Zeit werden Sie auf Menschen stoßen, die Ihnen geholfen haben Unglückssituationen zu meistern oder auf Menschen, welche eine bestimmte Rolle in Ihrem Leben spielen (Lehrer, Geschäftspartner, Freunde), welche für Sie da oder eine Stütze für Sie sind (beispielsweise in den soeben beschriebenen misslichen Situationen). Sie können ihnen einen Brief oder eine kleine Botschaft schreiben – nicht unbedingt eine E-Mail. Handschriftliche Notizen wirken und werden nicht so schnell vergessen. Sagen Sie ihnen Danke, für das was sie für Sie getan haben. Es wird den Menschen aus Gründen, die die meisten von uns nicht in Betracht ziehen können, viel bedeuten. Sie haben damit etwas Besonderes für sie getan. Dies dauert in der Regel nicht länger als zehn Minuten. Aber die Leute werden sich aufgrund dessen, was Sie getan haben, langfristig etwas spezieller fühlen und sie werden denken, dass Sie aufgrund dessen, was Sie getan haben, etwas ganz Besonderes sind.

Der griechische Philosoph *Sokrates* sagte, dass der *Kluge* aus allem und von jedem lernt, der *Normale* aus seinen Erfahrungen und der *Dumme* alles besser weiß. Auf das Leben umgelegt bedeutet das, sein eigenes Leben stets zu reflektieren und zu prüfen – da ein ungeprüftes Leben nicht lebendig ist. Der römische Philosoph *Seneca* vertrat hingegen die Auffassung, dass jener am glücklichsten und ein sorgloser Besitzer seiner selbst ist, der den Morgen ohne Beunruhigung erwartet. Einfach loszulegen, ohne sich viel Gedanken um etwas zu machen, kann für einige Dinge ein gutes Modell sein. Es ist jedoch kein gutes Modell, wenn es an der Zeit ist, herauszufinden, wie man das Leben lebt, das vor Ihnen liegt. Ein wichtiger Hinweis für ein gutes Leben ist, nicht zu versuchen, *das* einzig wahre gute Leben zu führen. Dabei sind zumeist zwei Arten von Menschen zu beobachten, welche dies nicht wirklich begreifen. Das sind diejenigen, welche immer nur das tun, was man ihnen sagt und diejenigen, die niemals das tun, was man ihnen sagt. Der beste Weg, um die Werte zu verlieren, die für Sie von zentraler Bedeutung sind, besteht offen gesagt darin, überhaupt nicht an sie zu denken. Sie sollten folglich vorausdenken

– mit Weitblick. Wenn Sie jedoch vorausdenken, um herauszufinden, wohin Sie gehen, ist es ebenso gut zu wissen, wo Sie waren und Sie sollten darauf auch zurückblicken. Für ein authentisches Auftreten ist es daher angebracht, dass sich Ihre Werte mit Ihnen selbst decken – sprich seien Sie so, wie Sie sind. Sind Sie so, wie Sie sind, sollten Sie verstehen, was das bedeutet. Falls Sie nicht perfekt sind, bedeutet dies nicht, dass Sie keine Änderungen vornehmen sollten. Es stimmt, bis zu einem gewissen Ausmaß sollten Sie nicht Sie selbst sein, sondern Sie sollten versuchen, etwas Besseres zu werden. Die Leute sagen, sei du selbst, weil sie möchten, dass Sie dem Impuls widerstehen, sich so anzupassen, wie es andere Menschen wollen. Aber Sie können nicht Sie selbst sein, wenn Sie nicht lernen, wer Sie sind und Sie können nicht lernen, wer Sie sind, wenn Sie nicht darüber nachdenken. Da viele Menschen heutzutage privilegiert sind, macht es dies nicht einfacher. Das sollte uns nicht vergessen lassen, dass viele Menschen zugleich nicht privilegiert sind. Mein Ratschlag ist, nicht so zu handeln. Das soll jedoch nicht heißen, nicht aktiv neue Kontakte zu knüpfen. Jemand der offenherzig Menschen begegnet, ihnen die Hand reicht, lächelt und von sich gibt: „*Guten Tag, mein Name ist Julian Mayer*", wird einen bleibenden Eindruck hinterlassen. Das Schlimmste was passieren kann, ist, dass jemand fragt, wer denn diese neue Bekanntschaft ist, welche einem entgegenlächelt.

Sei wer du bist, sei originell, sei mutig und gehe sorgsam mit Ersparnissen um

Geld ist ein Mittel, um alles zu haben bis auf einen aufrichtigen Freund, eine uneigennützige Geliebte und eine gute Gesundheit.

– George Bernard Shaw

Es wurde gesagt, dass hinter jedem Erfolg Anstrengung steckt, hinter der Anstrengung sich Leidenschaft verbirgt und hinter der Leidenschaft Menschen stehen, die den Mut haben, es zu versuchen. Schauen Sie sich Frauen und Männer näher an, welche auf ihrem Gebiet etwas zu Wege brachten und erfolgreich waren. Jeder kann von Zeit zu Zeit vom Glück gesegnet sein, aber ich spreche von Menschen mit einer anhaltenden Erfolgsgeschichte und solchen, die auf Ihrem Gebiet herausragen. Ob nun Sportler, Musiker, Künstler, Politiker, Schriftsteller oder Hochschulprofessoren – sie alle gehen an ihre Arbeit leidenschaftlich und auf erfrischend originelle Weise heran. Dies gilt ebenso für Unternehmen. Werfen Sie beispielsweise einen Blick auf *Facebook* oder *Red Bull*. Die Unternehmen weigerten sich, konventionelle Weisheiten zu akzeptieren, wie dass es keinen Markt für sie gibt oder sie würden gegenüber Konzernen wie *Coca-Cola* oder *Microsoft* nicht standhalten. Was ich sagen möchte, ist, Ihr wahres, ursprüngliches, einzigartiges Selbst zu sein und sich nicht von anderen in irgendeiner Art und Weise einschüchtern zu lassen. Niemand erreichte jemals einen herausragenden Erfolg, nur indem er andere nachahmte. Die erläuterten Unternehmen machten Ihre Gründer sehr wohlhabend, dennoch gilt, egal wie viel Geld Sie haben, Sie können nicht mehr Zeit kaufen. Der Tag hat nun mal nur 24 Stunden. Deshalb gilt es ein Gespür dafür zu entwickeln, seinen Kalender nicht mit nutzlosen Agenden zu füllen. Andererseits kann es Ihnen guttun, sehr großzügig mit Ihrer Zeit für die Menschen da zu sein, welchen Sie vertrauen.

Die Geschichte führte uns immer wieder vor Augen, dass dem Geld, im Gegensatz zur Zeit, ein gewisses Übel innewohnt. Die aufgetischten Lügen der Kolonialherren und Raubzüge selbiger belegen diesen Umstand eingehend. Die Wahrheit ist aber auch, dass mit Geld *Toleranz* und *Vertrauen* zwischen Menschen geschaffen wird, welche einander noch nie zuvor begegnet sind. Dank des Geldes können Menschen vorurteilsfrei zusammenarbeiten und kulturelle, sprachliche und gesetzliche Barrieren treten in den Hintergrund. *Papst Franziskus* teilte hingegen die Auffassung, dass Geld die Seele besticht, zu Selbstgefälligkeit, Prunk und Eitelkeit verführt und Hochmut und Stolz daraus resultieren. Dann beginnen die Sünden. Doch laut *Franziskus* ist die erste Stufe dazu das Geld und das Fehlen von Armut. Geld beginnt die Seele zu bestechen und verführt dazu in Prunk und in Eitelkeit zu leben, nur um eine gute Figur abgeben zu wollen. Von *François Fénelon*, einem französischen Erzbischof und Schriftsteller, entstammt das Zitat: *„Wirf das Joch des Überflüssigen ab, werde reich ohne Geld, und du bist glücklich."* Nun leben wir in einer

Gesellschaft, wo es nicht gänzlich ohne Geld möglich ist, ein „*normales*" Leben zu führen. Sie werden Leute treffen, die Sie dazu drängen, Ihr Geld freimütig auszugeben. Sie werden Ihnen sagen: „*Du kannst es nicht mitnehmen*" oder „*Das Geld ist nicht weg, es ist nur woanders*". Wenn Sie älter werden, haben Sie wahrscheinlich Freunde, welche die neusten Autos fahren oder jeden Abend in teuren Restaurants essen, die neuesten technologischen Entwicklungen oder Modetrends kaufen und den Urlaub in abgeschirmten Ressorts oder anderen exquisiten Hotelanlagen verbringen. Sie sollten diese Falle vermeiden, nämlich Geld wohl oder übel auszugeben, nur weil Sie es können. Dies ist nicht nur ein Weg zum finanziellen Ruin, es kann auch dazu führen, dass Sie vergessen, wie es um andere Menschen bestellt ist und was im Leben wirklich zählt. Das bedeutet nicht, niemals zu reisen oder sich etwas Schönes zu kaufen. Vielmehr sollten Sie sich vor Augen halten, klug darüber nachzudenken, ob das, was Sie tun oder kaufen möchten, in der Zwischenzeit es wirklich wert ist zu besitzen oder ob die daraus entstehenden Vorteile bestenfalls flüchtig sein werden. Das soll heißen, berücksichtigen Sie vor dem Kauf eines Artikels seine Vorzüge, aber auch dessen laufenden Unterhalt. Je mehr Instandhaltung erforderlich ist, desto wahrscheinlicher ist es, dass Sie den Kauf bereuen. Sie können ebenso überlegter vorgehen, indem Sie Aktivitäten im Vorfeld planen (beispielsweise die nächsten Sommerferien). Das gibt Ihnen eine lange Zeit der angenehmen Vorfreude, die sich als der beste Teil des Urlaubs erweisen kann. Ebenso trägt es mehr zu Ihrem Glück bei, wenn Sie anstatt Einkäufe zu tätigen, eine kurze Pause machen und Ihr jüngstes Umbauprojekt, Ihr Auto oder Ihren Ehepartner bewundern und überlegen, wie viel Glück Sie bereits jetzt schon haben. Was zählt, ist, worauf wir uns konzentrieren. Wenn Sie sich also auf Ihr bestehendes *Glück* fokussieren, können Sie einen zusätzlichen „*Schuss*" Glück erfahren. Zu viel Auswahl und ständiges Grübeln über etwas denkbar Besseres schafft jedoch Unsicherheit und Unsicherheit ist der Todesstoß des *Glücks*. Was ist zu tun? Suchen Sie nach Möglichkeiten Ihre Auswahl einzuschränken und sich nicht ständig an alternativen segensreicheren oder neueren Dingen zu berauschen. Ich habe viele Leute gekannt, welche die neuesten Dinge besitzen mussten. Aber sie vergessen, wenn sie sparen und mit Umsicht investieren, sie eines Tages, anstatt eines jetzigen *iPhones* oder teuren *Weins*, in der Zukunft ein Vielfaches davon an Ersparnissen haben würden. Diejenigen, die mit Bedacht sparen und investieren, werden im Laufe ihres Lebens weniger finanzielle Probleme haben.

Eine Vielzahl von Studien zeigt jedoch, dass soziale Beziehungen für das Wohlbefinden und Glücksempfinden wichtiger als alles andere um Sie herum sind. Das enthüllt ebenso die „*Grant and Glueck Study*" der *Harvard Universität*, welche bereits seit über 80 Jahren durchgeführt wird. Aus dieser geht hervor, dass einem alles Geld der Welt nichts nützt, wenn keine liebevollen Beziehungen vorhanden sind. Kernaussage dieser Studie ist, dass *Glück* und ein *gutes Leben* aus *guten*

Beziehungen hervorgehen. Doch die häufigste Ursache für Beziehungskonflikte oder gar -abbrüche ist der Kampf ums Geld. Geld macht Sie vielleicht nicht glücklich, aber Untersuchungen haben ergeben, dass Sie sehr unglücklich sind, wenn Sie nicht die Kontrolle über Ihre Finanzen haben. Ferner zeigt die Forschung, dass finanzielle Unsicherheit ähnliche Gefühle wie körperliche Folter hervorruft. Wenn Sie jedoch finanzielle Unsicherheiten überwinden und erste Erfolge erzielen, gilt es sich bewusst zu machen, dass man sich auch als reicher Mensch sehr arm fühlen kann. Es gibt ebenso unter wohlhabenden Menschen, die über Vermögenswerte im Überfluss verfügen, *„arme Wichte"*. Reichtum kann jedoch ebenso bei armen Menschen vorhanden sein, wie reich an Erfahrung und reich an Begegnungen. Das bestätigt das bereits Gesagte: Regelmäßiger Kontakt zu guten Freunden ist für die Gesundheit wertvoller als materieller Besitz.

Ein einfaches Leben leben

Ich habe drei Schätze, die ich hüte und hege. Der eine ist die Liebe, der zweite ist die Genügsamkeit, der dritte ist die Demut. Nur der Liebende ist mutig, nur der Genügsame ist großzügig, nur der Demütige ist fähig zu herrschen.

— Laozi

Die *Formel* bestehend aus einem einfachen Lebensstil, sozialem Engagement, ein paar Sonnenstrahlen, einer engen Familiengemeinschaft, täglicher Beschäftigung und Interaktionen mit der Natur und keinen übermäßigen Schulden kann einem ein durchwegs großes Lächeln auf das Gesicht zaubern. Ihre Berufswahl und Karriere haben darüber hinaus natürlich Auswirkungen auf Ihr Leben – das betrifft vor allem finanzielle Aspekte, Verpflichtungen und Ihr allgemeines Wohlbefinden.

Seien Sie sich darüber im Klaren, dass der Weg zum finanziellen Bedauern mit Schulden und Krediten gepflastert ist. Schulden sind ein Übel, welches nicht immer gleich zum Vorschein treten mag. Es ist jedoch erstaunlich, wie viel Prozent der finanziellen Probleme durch die Kreditaufnahme verursacht werden. Schulden sind ein Anspruch auf Ihre Zukunft, um heute etwas zu gewinnen, an das Sie sich schnell gewöhnen. Sie werden wahrscheinlich Schulden wie eine Hypothek oder andere Formen davon nutzen. Dabei gilt es sich die Frage zu stellen, ob die jeweiligen Schulden sich positiv auf Ihre Ersparnisse auswirken werden und zusätzliche Einnahmen generieren, welche höher sind als die Kosten dieser

Verbindlichkeiten (Kredite). Folglich sollten die mit Schulden finanzierten Vermögenswerte (also aufgeschobene Ersparnisse) zu höherem Wohlstand für Sie beitragen. Wenn Sie Konsumausgaben, wie heute üblich, mit Schulden finanzieren, ist das in der Regel nicht der Fall – dies steigert weder Wohlbefinden noch Wohlstand. Folglich gilt es dies zu vermeiden. Seien Sie somit vorsichtig. Die meisten Schulden sind das Äquivalent einer Droge: Ein schneller (und teurer) Genuss, der nachlässt, nur um Sie für die kommenden Jahre nach unten zu ziehen und Ihre Möglichkeiten einzuschränken, während Sie durch Lasten Ihrer Vergangenheit erdrückt werden. Vergessen Sie dabei nicht, dass finanzielle Freiheit ein Geisteszustand ist, der daraus resultiert, schuldenfrei zu sein. Es ist normal anzunehmen, dass alle finanziellen Erfolge und Misserfolge verdient sind. Es ist auch häufig so, aber nur bis zu einem gewissen Punkt – und dieser liegt niedriger als viele denken. Das Leben der Menschen spiegelt die Erfahrungen wider, welche sie gemacht haben und die Menschen, die sie getroffen haben. Vieles davon ist von Glück, Fehlern, Risiken, Unfällen und Zufall bestimmt. Einige Menschen werden in Familien geboren, die Bildung fördern, andere machen hingegen gegenteilige Erfahrungen. Einige sind in florierenden Volkswirtschaften geboren, welche die Menschen begünstigen, andere werden in Krieg und Elend hineingeboren. Sie sollen erfolgreich sein und ich möchte, dass Sie es sich verdienen. Aber nicht jeder Erfolg ist auf harte Arbeit und nicht jede Armut auf Faulheit zurückzuführen. Denken Sie daran, wenn Sie Menschen, einschließlich sich selbst, beurteilen.

Unabhängig von den eben erläuterten Umständen können Sie, um das Leben zu führen, das Sie führen wollen, bestimmte Verhaltensweisen an den Tag legen. Allgemein empfiehlt es sich weniger auszugeben als Sie verdienen. Geld verhält sich dabei ähnlich wie ein Kleinkind. Es ist nicht in der Lage, sich selbst zu verwalten. Schließlich können Sie nicht erwarten, dass Ihr Geld wächst und reift, wie Sie sich das wünschen, ohne irgendeine Form von glaubwürdigem Geldmanagement. Geduld versteht sich dabei als eine Tugend. Die Chancen stehen gut, dass Sie nicht über Nacht finanzielle Ziele erreichen. Sie können aber Vermögen allmählich ansammeln, indem Sie Ihr Geld über mehrere Jahrzehnte hinweg fleißig sparen und umsichtig anlegen. Verfügen Sie bereits über entsprechende finanzielle Mittel, könnten Sie denken, Sie möchten ein teures Auto, eine schicke Uhr und ein riesiges Haus (das Grundübel der Schulden und Kredite wurde bereits erläutert). Aber ich sage Ihnen, Sie wollen das nicht. Was Sie wollen, ist Respekt und Bewunderung von anderen Menschen und Sie denken, teure Sachen würden dies bringen. Das tun Sie jedoch nicht – besonders nicht von den Menschen, von denen Sie Respekt und Bewunderung erfahren möchten. Wenn Sie jemanden sehen, der ein schönes Auto fährt, denken Sie wahrscheinlich nicht: *„Wow, diese Person ist genial und cool."* Stattdessen denken Sie: *„Wow, wenn ich dieses Auto hätte, würden die Leute denken, ich bin genial und cool."* Sie bemerken die Ironie: Niemand kümmert sich um den Mann im Auto. Haben Sie Spaß und kaufen Sie ein paar nette Sachen, aber bedenken Sie auch, dass die Menschen wirklich Anerkennung und Respekt suchen und Ihnen *Demut* letztendlich mehr davon einbringt als *Eitelkeit*.

Menschen müssen immer wieder sehr früh erkennen, dass Geld kein Glück kauft. Wenn Sie nach dem ultimativen Glück suchen, so hat das mit Geld nichts zu tun. Sie können im besten Falle damit eine finanzielle Freiheit und Unabhängigkeit erlangen. Ich möchte damit sagen: Geld kann Ihnen die Kontrolle über Ihre Zeit ermöglichen. Es gibt Ihnen Optionen und befreit Sie davon, sich auf die Prioritäten anderer zu verlassen. Freiheit ist eines der Dinge, die Sie wirklich glücklich machen (wie auch immer Sie diese ausgestalten). Ein zweiter Job kann nicht nur die Größe Ihres Bankkontos schneller erhöhen, sondern hält Sie auch beschäftigt – und wenn Sie beschäftigt sind, ist es schwierig, das auszugeben, was Sie bereits haben. Sie mögen dadurch ein Mehr an finanzieller Unabhängigkeit schaffen, jedoch geht dies auf Kosten Ihrer Zeit. Daher erscheint es viel wichtiger sich auf das zu konzentrieren, was Sie kontrollieren können. So haben Sie die Möglichkeit auf Ersparnisse Einfluss zu nehmen. Ihre Sparquote hat etwas damit zu tun, wie viel Sie verdienen und noch mehr damit, wie viel Sie ausgeben. Ich kenne einen Anwalt, der von Honorarnote zu Honorarnote lebt – immer am Rande des finanziellen Ruins. Ich kenne einen anderen unscheinbaren geselligen Menschen, der nie mehr als 40.000 Euro verdiente und ein erhebliches Vermögen angespart hat. Der Unterschied ist ausschließlich auf seine Ausgaben zurückzuführen. Wie viel Sie verdienen, bestimmt nicht, wie viel Sie haben. Und wie viel Sie haben, bestimmt nicht, wie viel Sie brauchen. Werden Sie kein Pfennigfuchser oder Geizkragen. Beachten Sie jedoch, dass das Lernen mit weniger zu leben, der einfachste und effizienteste Weg ist, um die Kontrolle über Ihre finanzielle Zukunft zu erlangen. Zeit versteht sich dabei als ein Verbündeter der Jugend. Beginnen Sie bereits in den Zwanzigern oder Dreißigern mit dem Sparen und mit der Geldanlage, so können Sie die Kraft des Zinseszinses und damit die Kraft des Wachstums Ihres *„Notgroschens"* optimal nutzen. Halten Sie sich dabei immer vor Augen, dass Sie nicht ausgeben können, was Sie nicht sehen. Sie sollten auf automatische Gehaltsabzüge oder Sparpläne zurückgreifen, um Vorsorge zu treffen. Das mag hart klingen, aber auch vor dem Hintergrund des erläuterten Umgangs mit Ersparnissen, hoffe ich, dass Sie irgendwann nur das Nötigste haben werden (nicht unbedingt arm sind). Natürlich nicht kämpfend und nicht unglücklich. Aber es gibt keine Möglichkeit den Wert des Geldes zu lernen, ohne die Macht seiner Knappheit zu spüren. Es lehrt Sie den Unterschied zwischen notwendig und wünschenswert. Sie werden dadurch ebenso erfahren, lediglich mit dem Nötigsten auszukommen und gezwungen sein, mit Ihren Ressourcen schonend umzugehen. So lernen Sie zu genießen, was Sie bereits haben, kostenbewusstes Verhalten an den Tag zu legen und sich nicht gedankenlos vermeintlich höherwertigen Dingen zu widmen. Wenn Sie lernen, sich mit weniger zufrieden zu geben, können Sie

Ihre finanziellen Umstände (unvermeidliche Höhen und Tiefen) müheloser bewältigen. Leider wird in der heutigen Zeit immer mehr das Geldverdienen in den Vordergrund gestellt und nicht das einfache Leben. Dies macht uns zu einem Götzen, dem etwas vor dem Karren gespannt wird, nur um es dann doch nicht zu bekommen. Hat man keinen Job, macht man sich Sorgen einen zu finden, um weiter seinen Lebensunterhalt bestreiten zu können. Hat man einen Job oder ein Unternehmen, so fühlt man sich bedroht und macht sich Sorgen, sei es diesen zu verlieren oder vor der Konkurrenz. Dies wiederum führt zu egoistischem Verhalten, da Bedrohungen und Sorgen um die eigene Existenz es fördern, in erster Linie seinen eigenen Kragen aus der Schlinge zu ziehen. Daraus resultiert, dass Menschen Böses tun und im Namen der Menschlichkeit handeln sie dann unmenschlich. Hinzu kommt, dass Menschen und Gesellschaften, die im Wohlstand leben, alles daran setzen diesen zu vergrößern. Tiefes Leid kann auch viel Freude fassen und Armut kann lehren liebevoll und fürsorglich zu sein. *Khalil Gibran* meinte dazu: „*Trauer und Armut reinigen das Herz. Doch unsere begrenzte Vernunft hält dafür, dass nur Wohlstand und Freude das Leben lebenswert machen.*" Dies besagt im weiteren *Sinne*, dass unsere Welt derart beschaffen ist, damit das, was uns Vergnügen und Befriedigung vermittelt, im Laufe der Zeit ganz von allein an Bedeutung, Reiz und Anziehung verliert. Durch Krankheit, Verlust, Kriege, Pandemien, Nöte und zuletzt durch ein zunehmendes Alter wird uns schleichend, aber doch alles wieder genommen, was wir als individuelle

Menschen ursprünglich zuwege bringen wollten – für viele Menschen kein einfacher Weg. Es empfiehlt sich daher nicht ein Übermaß der erläuterten wirtschaftlichen Zielsetzungen anzustreben, sondern vielmehr geringfügigeren finanziellen Mitteln Raum zu geben und sein Auslangen damit zu finden. Das Bewusstsein über die eigene Bedürftigkeit, die uns früher oder später erlangt, erleichtert uns diesen Schritt und macht es uns einfacher, wenn wir alle am selben Ziel ankommen.

Seelenfrieden, innere Ausgeglichenheit und Harmonie sind schwer zu erringen, wenn das Leben nur aus Geschäften besteht. Nachhaltig langfristiges Glück und Zufriedenheit bestehen in den seltensten Fällen aus der Jagd und Hast nach dem nächsten Triumph, welchen wir uns um den Hals hängen wollen. Wie vergänglich Mammon und Gewinne sind, wurde bereits angeführt – sie sind nicht von langer Dauer und früher oder später holt uns unser Schicksal ein. Sie können schneller wohlhabend werden und Ihr Wohlbefinden steigern, als Sie denken. Sie brauchen sich lediglich Ihrer Weisheit bewusst zu sein und sich in Erinnerung rufen, dass materielle Güter vergänglich sind – die Ihnen gegebenen immateriellen und geistigen Reichtümer sind um ein Vielfaches wertvoller. Demut, Bescheidenheit und das Bewusstsein um die eigene Bedürftigkeit erleichtern Ihnen dies. Ständige Geschäftigkeit, Hasten und kaum Zeit für die wirklich wichtigen Dinge im Leben – soll man das mit sich selbst treiben? Anstatt ein Leben in Fülle zu führen, plagen wir uns herum und spannen die falschen Anreize vor unseren Karren. Ihre innere Seelenruhe und Heiterkeit finden Sie am besten durch das Nachsinnen über Ihre seelisch-geistigen Schätze. Diese spielten ebenso für die Stoiker eine herausragende Rolle. Es war wichtig für sie, das Glück des Einzelnen so weit wie möglich von äußeren Einflüssen, Situationen und Umständen unabhängig zu machen. Geistig-seelische Aspekte waren für sie von Bedeutung, da nach ihrer Ansicht das Glück ausschließlich von den Dingen abhängen sollte, die der Einzelne auch kontrollieren kann. Dies schließt das Denken, Entschlüsse, Vorsätze, Vorstellungen, Vorhaben und Gedanken ein. Andere Dinge im Leben kann man allenfalls versuchen zu beeinflussen. Was einem widerfährt, führt nicht selten zu Ärgernissen, aber wer sich über etwas ärgert, was einem zufällt, der hat die Natur von Ereignissen noch nicht begriffen. Sich ärgern bedeutet demnach, für die Fehler der Launen der Natur oder auch anderer zu leiden. Letztendlich muss ein jeder das, was einem widerfährt und unabänderlich ist, am Ende so hinnehmen, wie es kommt. Das Schicksal hat es an sich, einen unvorhergesehenen Ausgang zu nehmen, welchen wir nicht in der Hand haben. Also ärgern oder beschweren Sie sich nicht über Dinge, die nicht in Ihrem Einflussbereich liegen – das ist lediglich ein vergebliches Unterfangen. Bleiben Sie daher zu Lebzeiten nicht in einem Job, den Sie hassen, weil Sie mit 18 Jahren oder früher unabsichtlich eine Berufswahl getroffen haben. Eine frühe Ausbildungsentscheidung muss nicht Ihre lebenslange Karriere leiten. Niemand weiß, was Sie in diesem Alter tun wollen und viele wissen nicht, was sie tun wollen, bis sie doppelt so alt sind. Wenn Sie eine

Karriere suchen, wenn Sie die Schule verlassen oder einen Job wechseln, nehmen Sie immer den Job an, der Ihnen am meisten Spaß macht. Wenn sich dieser am meisten bezahlt macht, haben Sie Glück. Wenn dies nicht der Fall ist, haben Sie eine erhebliche Lohnkürzung vorgenommen, welche sich zukünftig dennoch lohnen kann. Den perfekten Job gibt es nicht und die meisten Leute finden diesen nie. Deshalb: Einfach weitersuchen. Für das Ziel des Lebens, ein glücklicher Mensch zu sein, ist der richtige Job unerlässlich. Versuchen Sie dabei nicht besser als Ihre Konkurrenten, sondern anders zu sein. Es wird immer jemanden geben, der schlauer, scharfsinniger oder gewiefter ist als Sie, aber vielleicht gibt es nicht jemanden, der einfallsreicher oder kreativer ist. Bei all dem, nehmen Sie sich immer Zeit, um denjenigen, mit denen Sie oder die für Sie arbeiten, einen Schlag auf den Rücken zu geben, wenn sie Sie unterstützen oder gute Arbeit leisten. Die meisten Menschen konzentrieren sich so stark auf die nächste Herausforderung, dass sie den Menschen, die sie unterstützen, nicht danken. Es ist wichtig, dies zu tun. Es motiviert und inspiriert Menschen und ermutigt sie, auf einem höheren Niveau zu arbeiten.

Um offener und demütiger zu werden, kann es Ihnen helfen, jedes Jahr etwas zu tun, was Sie noch nie zuvor gemacht haben und das völlig außerhalb Ihrer Komfortzone liegt. Es könnte sein, dass Sie einen neuen Berg besteigen, Motorradfahren lernen, Marathon laufen, an einer Konferenz teilnehmen, die von einem ungewöhnlichen Thema handelt und Sie interessiert oder allein zu einem Ziel fernab Ihres gewöhnlichen

Gesellschaftskreises zu reisen. Dies ergänzt den Prozess der Selbstfindung. Wenn Sie viel lesen, befriedigt das nicht nur Ihre persönliche Neugier, sondern es kann allgemein nützlich für Ihr Leben sein und ebenso zu Ihrer Selbstfindung beitragen. Tun Sie es nicht nur, weil Sie neugierig auf etwas sind, sondern lesen Sie aktiv. Machen Sie sich ein Bild, bevor Sie ein Buch oder einen Artikel beginnen und prüfen Sie, ob das, was Sie denken vom Autor bestätigt oder widerlegt wird. Wenn Sie das tun, werden Sie tiefgründiger lesen und mehr verstehen. Sie können Ihren Horizont ebenso erweitern, indem Sie sich intensiv vernetzen. Glück spielt eine große Rolle im Leben und es gibt keinen besseren Weg, um Ihr Glück zu steigern, als so viele Menschen wie möglich kennenzulernen. Pflegen Sie Ihr Netzwerk, indem Sie Blogs, Beiträge, Artikel, Bücher und E-Mails an Personen senden, um Ihnen mitzuteilen, dass Sie an Sie denken und Sie Ihnen etwas bedeuten. Lesungen und Diskussionsrunden, das Schreiben von Kommentaren, Anekdoten und Gedankenstücke bieten sich hierzu ebenso an.

Seien Sie sich jedoch immer Ihrer äußeren Umstände und Ihres Glücks bewusst – und noch mehr wie vergänglich all das ist. Das Grundübel ist dabei nicht die soziale Stellung in der Gesellschaft, Beruf, Vermögen oder andere Besitztümer. Vielmehr als äußere Verhältnisse ist das „*Anhaften*" an diese, die schmerzliche Wahrnehmung, welche es zu vermeiden gilt. Dieses „*Verhaften*" und „*Anhaften*" ist auch dafür verantwortlich, dass sich Menschen von äußeren glücklichen Umständen verführen lassen. Zwei Möglichkeiten des Bewusstseins dieser

Umstände eines „*Glücklichen*" bestehen deshalb – man hat Verständnis über diese Veränderlichkeit oder eben nicht. Entweder sind Sie sich im Klaren über äußerliche, glückliche Verhältnisse. So müssen Sie deren Verlust befürchten und was dieser alles nach sich zieht. Fortwährende Ängste lassen einen deshalb nicht glücklich werden. Sind Sie sich aber Ihrer äußerlichen, glücklichen Umstände nicht bewusst, so führt die mangelnde Kenntnis über die glückliche Bestimmung ebenso nicht zum erhofften Segen für Sie – Unwissenheit über sein eigenes Glück, macht auf Dauer nicht glücklich. Es empfiehlt sich daher einen anderen Weg zu gehen und sich immer wieder die *Vergänglichkeit* des äußeren *Glücks* ins Gedächtnis zu rufen.

Ein Lächeln kostet nichts

Die Welt ist voll von kleinen Freuden, die Kunst besteht darin, sie zu sehen, ein Auge dafür zu haben.
– Li Bai

Wie oft sind wir darüber schockiert, uns an Situationen zu erinnern, in welchen wir rückblickend etwas gesagt, getan oder nicht getan oder gesagt haben. Wir haben dann jedoch nicht mehr die Gelegenheit, die jeweilige Situation zu erklären oder sich zu entschuldigen. Es gibt drei Dinge, die wir nicht mehr zurückholen können: Das Wort, nachdem es ausgesprochen wurde. Die Gelegenheit, die nicht ergriffen wurde. Und die Zeit, weil sie vorbeigeht.

Aber selbst dann sollten Sie gelassen bleiben. Wenn ein Problem gelöst werden kann, müssen Sie sich keine Sorgen machen. Wenn ein Problem nicht gelöst werden kann, was nützt es, sich Sorgen zu machen? Und wenn Sie eine Gelegenheit verpassen, füllen Sie die Augen nicht mit Tränen. Es wird sich eine weitere bessere Gelegenheit vor Ihnen verbergen und Sie werden diese beizeiten erkennen. Wenn Fehler auftreten, sind diese schmerzhaft. Die spätere Fehlersammlung wird jedoch als Erfahrung bezeichnet, die unweigerlich zum Leben dazugehört und zu Erfolg führt. Jeder erfolgreiche Mensch hat eine schmerzhafte Geschichte und jede schmerzhafte Geschichte hat ein erfolgreiches Ende. So starb innerhalb kurzer Zeit ein langjähriger Weggefährte und ein mir nahestehendes Familienmitglied, meine Beziehung zerbrach und ich hatte mit beruflichen und gesundheitlichen Herausforderungen zu kämpfen. Alsbald befand ich, so schlimm meine Lage auch sein möge, lässt sich damit gut umgehen und dass diese fordernden Umstände überwindbar sind. Ich machte einfach weiter. Die Wahrheit ist, dass negative Lebensereignisse uns nicht so tief treffen, wie wir es erwarten. Das gilt ebenso für positive Lebensereignisse. Wir passen uns an beides sehr schnell an. Die gute Nachricht ist also, dass ein schwerer Unfall, Bewegungseinschränkungen, der Verlust Ihres Arbeitsplatzes und ähnliche Dinge Sie nicht so unglücklich machen, wie Sie denken. Die schlechte Nachricht ist, dass ein großer Casino-, Lottogewinn, andere positive Geschehnisse oder materielle Besitztümer Sie nicht so glücklich machen, wie Sie es erwarten. Wir fürchten sicherlich die Dinge, die unser Wohlbefinden und Glücksempfinden deutlich nach unten schrauben würden – gesundheitliche Probleme, Arbeitsplatzverlust, der Tod eines geliebten Menschen, das Ende einer liebevollen Beziehung. Aber wenn diese Dinge passieren, werden die meisten von uns schneller zu ihrem emotionalen Ausgangszustand zurückgelangen, als sie es vorhersehen würden. Menschen sind widerstandsfähig und belastbar. Aber wenn so etwas passiert, heißt es bald danach: *„Ich wollte schon immer einen besseren Job finden"* oder *„Sie war nie richtig für mich"*. Menschen haben ein bemerkenswertes innerliches Talent, Wege zu finden, um die Auswirkungen negativer Ereignisse abzuschwächen. Sie erwarten jedoch fälschlicherweise, dass solche *„Schläge"* viel verheerender sind, als es sich letztendlich tatsächlich herausstellt. Wenn wir diese Mechanismen nicht hätten, wären wir zu deprimiert, um mit unserem Leben fortzufahren. Menschen, die klinisch depressiv sind, scheinen häufig nicht in der Lage zu sein, Ereignisse *„neu"* zu gestalten und ins rechte Licht zu rücken. Das deutet darauf hin, dass auch wir depressiv sein könnten, wenn der Rest von uns diesen Mechanismus nicht hätte.

Wir wissen, dass einer der besten Anhaltspunkte für menschliches Glück, die menschlichen Beziehungen und die Zeit sind, die Menschen mit Familie und Freunden verbringen. Wir wissen ebenso, dass dies wesentlich wichtiger als Geld und ebenso wichtiger als Gesundheit ist. Dies zeigen eine Vielzahl von Untersuchungen und Forschungsergebnissen. Das Interessante ist, dass

Menschen soziale Beziehungen opfern, um andere Dinge zu bekommen, die sie weniger glücklich machen – materiellen Besitz und Geld. Vermögenswerte sind wirklich nicht wichtig. Werden Sie nicht zu abhängig von dem, was Sie besitzen – ansonsten werden die Dinge Sie besitzen. Wenn Sie Ihre Finanzen jedoch nicht für einen späteren Zeitpunkt planen, werden Sie sich wünschen, Sie hätten dies getan. Um glücklich zu sein, sollten Sie daher „*weise*" einkaufen. Eine andere Tatsache ist, dass Menschen mehr Freude aus Erfahrungen als aus Dingen schöpfen. Wenn Sie folglich Erspartes für einen Restaurantbesuch, Urlaub, kulturelle Veranstaltungen oder Filme ausgeben, werden Sie glücklicher als durch ein dauerhaftes Gut oder Objekt sein. Einer der Gründe dafür ist, dass Erfahrungen in der Regel mit anderen Personen geteilt werden, Güter und Objekte jedoch zumeist nicht. Die Menschen denken ein Auto, eine Waschmaschine oder sonstige Dinge werden lange halten und deshalb wird es ihnen Glück bringen. Aber das ist nicht der Fall. Dinge werden alt und verfallen. Aber Erfahrungen nicht. Sie werden *Venedig* immer in Erinnerung behalten, aber Sie werden ein Auto oder einen Gefrierschrank nicht für immer haben. Ein großer Teil unseres mangelnden Selbstbewusstseins und unseres Leids kommt somit daher, dass wir uns zu viele Gedanken machen und nicht auf gesunde Weise denken. Anstatt mit dem zufrieden zu sein, was wir haben, schwelgen wir auf verlorenem Terrain. Selbst in unsicheren Zeiten ist es daher wichtig, die Dinge im Blick zu behalten. Sie sind halbwegs geistig und physisch gesund – sonst könnten Sie das hier nicht lesen.

Sie haben einen Freund oder Verwandten, der Sie vermisst und sich auf Ihren nächsten Besuch freut. Sie denken darüber nach, was Sie mit Ihrem Leben anfangen werden – Ihre Karriere, Ihre Familie, den nächsten Schritt usw. – was bedeutet, dass Sie Ehrgeiz, Leidenschaft, Tatkraft und Freiheiten haben, Ihre eigenen Entscheidungen zu treffen. Sie haben Zugang zu Nahrungsmitteln und sauberem Trinkwasser. Sie haben keine Angst um Ihr Leben und hatten heute die Wahl, welche Kleidung Sie tragen möchten. Sie sind letzte Nacht nicht hungrig zu Bett gegangen und heute Morgen mit einem Dach über dem Kopf aufgewacht. Die Wahrheit ist, dass es Ihnen besser geht als vielen anderen Menschen auf dieser Welt. Niemand wird ein Schloss ohne Schlüssel herstellen. Ebenso wird Ihnen Ihr Glaube keine Probleme ohne Lösungen geben. Einige könnten sagen, dass Sie reich sind, also denken Sie daran für all die Dinge, die Sie haben, dankbar zu sein. Das in uns verwurzelte *Naturell*, nicht auf gesunde Weise zu denken, rührt auch daher, dass wir nicht langfristig denken und lediglich auf die unmittelbare Befriedigung aus sind – wir erkennen dabei nicht an, das was danach kommt. Sicherlich können wir auf noch so gesunde Art und Weise denken, jedoch gibt es Zeiten im Leben, wo es unmöglich ist nicht zu leiden. Wenn wir nicht die langfristige Perspektive sehen, es uns an Tiefgang mangelt, wir unseren geistig-seelischen Zustand verkennen, dann können kleine Probleme, Leid und belanglose Schwierigkeiten sehr schnell zu großen Herausforderungen werden. Wir können allerdings die Angst vor Krankheit, Leid und Sterben lindern. Das heißt, dass wir es zu einem Teil selbst in der Hand haben und unser Leid auch selbst gemacht ist. Denken wir an all jene Menschen, welche über jeglichen Komfort verfügen, sich alles leisten können, aber sich dem *Joch* des Alkohols und der Drogen unterwerfen und vergeblich ihren nächsten „*Kick*" suchen. Auf der anderen Seite sind es die Menschen mit ein paar Habseligkeiten, die zufrieden mit dem sind, was Sie haben und trotzdem glücklich sind. Um es zu wiederholen, die unmittelbare Befriedigung der Sinne, kurzzeitige nervliche und emotionale Erregungen sind nicht wichtig, sondern Ihr seelisch-geistiger Weg und Zustand. Inneren Frieden und innere Ausgeglichenheit werden Sie nur finden, wenn Sie sich und anderen Gutes tun, mit dem eigenen Schicksal nicht hadern, sondern es hinnehmen wie es ist, sich mit Ihren Wünschen zurücknehmen, ein Herz für Außenseiter haben und jemandem in Bedrängnis beistehen, einfach daneben sitzen, um ihm die Hand zu halten. Niemand kann nur sein eigenes Glück verwirklichen, wir sind alle miteinander verbunden. Denken wir nur an uns selbst und nicht an andere, so legen wir damit den Grundstein für Leid und unser eigenes Unglück. Wer anderen Menschen hingegen dient, sich für diese einsetzt, der hat seinen Anteil an Glück, Wohlbefinden und Liebe bereits erhalten.

Ein Leben lang versuchen wir Besitztümer anzuhäufen, jedem Glück nachzujagen und allen möglichen weltlichen Dingen nachzulaufen – nur um dann festzustellen, dass diese uns abhängen und unbefriedigt zurücklassen. Negative Gedanken, Eifersucht und Groll sind unvereinbar mit einem ausgeglichenen geistig-seelischen inneren Zustand. Verstand wird dabei missbraucht, um sich Fehden und Intrigen hinzugeben, nur um noch mehr weltliche Dinge anzuhäufen, die weder von Dauer noch eine gediegene Quelle für Zufriedenheit und Glück sind. Spät aber doch merken wir, dass all die Annehmlichkeiten lediglich Leid verursachen, für welches wir, durch Verblendung und gestiftete Verwirrung unserer Sinne, unsere Mitmenschen verantwortlich machen. Begeben wir uns auf die tiefgründige Suche nach dem *Sinn des Lebens* und wollen diesen auch finden, so haben wir gesund und auf die richtige Weise zu denken. Dazu gehört sich im Verzeihen zu üben, so schlimm die Dinge auch waren, die uns angetan wurden, Betrübte trösten, Kranke besuchen, Mitmenschen wie Freunde und Familie zu behandeln und sich niemals für etwas Besseres als andere zu halten. Diese menschlichen Eigenschaften besitzen wir zwar, aber aufgrund unserer unsinnigen Gedanken, unserer Engstirnigkeit und unserer negativen Gefühle werden sie leicht überdeckt und verblenden den wirklichen *Sinn* – Mitgefühl und Liebe an den Tag zu legen.

Möglichkeiten um zu leben und nicht bloß zu existieren

Manchmal suchen wir so lange den Schlüssel zum Glück, bis wir merken, dass er steckt.

– Jochen Mariss

In einer Gesellschaft, die von einem „*Joch*" zum nächsten „*Joch*" lechzt, sich Versuchungen und Begierden hingibt, in der eine „*Ellbogenmentalität*" um sich greift und die immerzu nach mehr strebt, fragt sich so mancher, wo denn das *Vertrauen* geblieben ist. Man glaubt, je mehr man tut, je mehr man sich für andere einsetzt und je geschäftstüchtiger man ist, desto mehr Ruhm, Ansehen und Vertrauen wird man gewinnen. Dabei vergessen Menschen zunehmend, dass es häufig besser für Sie ist, sorgloser durch das Leben zu gehen und sich weniger Gedanken über die Zukunft zu machen. Sich zurücklehnen und den Dingen ihren Lauf lassen und darauf vertrauen, damit die Dinge am Ende ihren Weg nehmen werden. Das Leben geht oft eigene Wege und deshalb ist das Vertrauen bei jenen gut angesiedelt, die vertrauen und noch mehr in die Zukunft vertrauen. *Zukunftsvertrauen* hilft den Menschen, da die Dinge nicht immer das sind, das sie vorgeben zu sein und wofür sie gehalten werden. So können Sie in allen Lebensabschnitten und in allem, was Ihnen widerfährt, an einen positiven Ausgang glauben. *Optimisten* mögen nicht immer richtig liegen, aber ihre Zuversicht macht sie um einiges glücklicher als *Pessimisten*. Dazu die folgende kleine Geschichte:

Es war einmal ein alter Mann, der zur Zeit *Lao-Tses* in einem kleinen chinesischen Dorf lebte. Der Mann lebte zusammen mit seinem einzigen Sohn in einer kleinen Hütte am Rande des Dorfes. Ihr einziger Besitz war ein wunderschöner Hengst, um den sie von allen im Dorf beneidet wurden. Es gab schon unzählige Kaufangebote, diese wurden jedoch immer strikt abgelehnt. Das Pferd wurde bei der Erntearbeit gebraucht und es gehörte zur Familie, fast wie ein Freund.
Eines Tages war der Hengst verschwunden. Nachbarn kamen und sagten: *„Du Dummkopf, warum hast du das Pferd nicht verkauft? Nun ist es weg, die Ernte ist einzubringen und du hast gar nichts mehr, weder Pferd noch Geld für einen Helfer. Was für ein Unglück!"* Der alte Mann schaute sie an und sagte nur: *„Unglück – Mal sehen, denn wer weiß? Das Leben geht seinen eigenen Weg, man soll nicht urteilen und kann nur vertrauen."*
Das Leben musste jetzt ohne Pferd weitergehen und da gerade Erntezeit war, bedeutete das unheimliche Anstrengungen für Vater und Sohn. Es war fraglich, ob sie es schaffen würden, die ganze Ernte einzubringen.
Ein paar Tage später war der Hengst wieder da und mit ihm war ein Wildpferd gekommen, das sich dem Hengst angeschlossen hatte. Jetzt waren die Leute im Dorf begeistert. *„Du hast Recht gehabt"*, sagten sie zu dem alten Mann. *„Das Unglück war in Wirklichkeit ein Glück. Dieses herrliche Wildpferd als Geschenk des Himmels, nun bist du ein reicher Mann..."* Der Alte sagte nur:

"Glück – Mal sehen, denn wer weiß? Das Leben geht seinen eigenen Weg, man soll nicht urteilen und kann nur vertrauen."

Die Dorfbewohner schüttelten den Kopf über den wunderlichen Alten. Warum konnte er nicht sehen, was für ein unglaubliches Glück ihm widerfahren war? Am nächsten Tag begann der Sohn des alten Mannes, das neue Wildpferd zu zähmen und zuzureiten. Beim ersten Ausritt warf ihn dieses so heftig ab, dass er sich beide Beine brach. Die Nachbarn im Dorf versammelten sich und sagten zu dem alten Mann: *"Du hast Recht gehabt. Das Glück hat sich als Unglück erwiesen, dein einziger Sohn ist jetzt ein Krüppel. Und wer soll nun auf deine alten Tage für dich sorgen?"* Aber der Alte blieb gelassen und sagte zu den Leuten im Dorf: *"Unglück – Mal sehen, denn wer weiß? Das Leben geht seinen eigenen Weg, man soll nicht urteilen und kann nur vertrauen."*

Es war jetzt alleine am alten Mann die restliche Ernte einzubringen. Zumindest war das neue Pferd so weit gezähmt, dass er es als zweites Zugtier für den Pflug nutzen konnte. Mit viel Schweiß und Arbeit bis in die Dunkelheit, sicherte er das Auskommen für sich und seinen Sohn.

Ein paar Wochen später begann ein Krieg. Der König brauchte Soldaten, und alle wehrpflichtigen jungen Männer im Dorf wurden in die Armee gezwungen. Nur den Sohn des alten Mannes holten sie nicht ab, denn den konnten sie an seinen Krücken nicht gebrauchen. *"Ach, was hast du wieder für ein Glück gehabt!"* riefen die Leute im Dorf. Der Alte sagte: *"Mal sehen, denn wer weiß? Aber ich vertraue darauf, dass das Glück am Ende bei dem ist, der vertrauen kann."*

99 Prozent der Dinge, über die wir uns den Kopf zerbrechen und um die wir uns sorgen, sind nur *Phantasiegebilde*. 1 Prozent dieser Dinge mögen zutreffen, müssen es jedoch bei der richtigen Geisteshaltung nicht. Das bedeutet, wir sorgen uns zum überwiegenden Teil um etwas, das es erst gar nicht gibt – Sie machen sich umsonst Sorgen. Wenn Sie das erst einmal begreifen und verinnerlichen, schenkt Ihnen dies Kraft, Vertrauen und Sie gehen dementsprechend zuversichtlicher und positiver durchs Leben. Wer in allem und jedem immer Schlechtes vermutet, der wird weniger optimistisch durchs Leben spazieren. Warum? Negatives Denken ist die Hauptursache für Stress, Überlastung, Nervosität und Unzufriedenheit. Sagen Sie sich deshalb immer, dass eine Situation weder gut noch schlecht ist. Es ist immer erst unsere eigene Beurteilung, die sie zu dem macht, was sie ist. Ich hoffe, dass jeder in seinem Leben das findet, was er sucht, aber unser (*negatives*, *schlechtes*) Denken ist es, das uns hier einen Strich durch die Rechnung macht. Wenn Sie sich schon in destruktiven Gedanken wiegen, so werden Sie für Ihre Vermutungen garantiert genügend Belege finden – denn jeder findet, was er sucht.

Fühlen Sie sich deshalb privilegiert und zufrieden am Leben zu sein. Wenn Sie dies lesen, sind Sie lebendig. Die Zeit, die man mit dem Leben verbringt, ist es wert, geschätzt und ausgekostet zu werden. Genießen Sie die kleinen Dinge im Leben. Die besten Dinge des

Erdendaseins sind kostenlos. Sie können den Sonnenaufgang und den Sonnenuntergang beobachten. Sie hören Vögel zwitschern und können das Wellenrauschen am Strand belauschen. Sie können sich nach draußen begeben und fühlen, wie die auffrischende Brise durch Ihr Haar gleitet und die Wärme der Sonne auf Ihrer Haut spüren. Es gibt absolute Freude und Wunder in den einfachsten Momenten. Genießen Sie die kleinen Dinge, denn eines Tages können Sie zurückblicken und feststellen, dass es sich um die großen Dinge handelt. Wenn Sie das Beste aus dem herausholen, was Sie haben, stellt sich heraus, dass es erheblich mehr ist, als Sie sich jemals vorstellen konnten. Sie können aus vielem das Beste herausholen – beispielsweise indem Sie etwas erschaffen. Nicht um ein Vermächtnis zu hinterlassen, dann werden Sie sowieso nicht mehr hier sein, um es zu sehen, sondern um Nutzen zu stiften. Sich künstlerisch betätigen, einen Kasten bauen, einen Adventkalender basteln, Musik machen oder irgendetwas anderes. Sie werden sich gut fühlen und den Menschen etwas zurückgeben, das sie nutzen oder genießen können. Geben Sie dabei, ohne eine Gegenleistung zu erwarten – treffen Sie jedoch keine Wertungen und wiegen oder zählen Sie nicht nach. Sie werden eine bittere Person, wenn Sie das tun. Geben Sie nur aus Freude am Geben. Wenn Sie etwas dafür bekommen, großartig, wenn Sie nichts erhalten, soll es so sein. Setzen Sie sich bei Ihren Vorhaben jedoch keine unrealistischen Erwartungen. Sie werden über Nacht nicht zwei Kleidergrößen weniger haben. Ihre Beziehungen werden ohne Ihre Aufmerksamkeit nicht wachsen und Ihr neues Unternehmen wird nicht sofort florieren. Sie werden ab und zu Fehler machen. Sie müssen folglich Ihr Gehirn dabei trainieren, um wachsam zu bleiben. Sie haben nicht jeden Tag ein Buch zu lesen, um jeden Tag zu lernen – lernen Sie jedoch aus Ihren Fehlern. Lernen Sie von den Menschen um Sie herum – seien Sie offen für das, was sie Ihnen beibringen können – Sie können von jedem lernen, auch wie Sie etwas nicht tun sollten. Sie werden ebenso neue Techniken ausprobieren und sie werden nicht immer funktionieren – seien Sie dankbar dafür, denn dies zeigt Ihnen einen anderen Pfad zu gehen. Sie sind ein Mensch und werden von Zeit zu Zeit scheitern. Aber so wächst man, denn wertvolle Ziele erfordern Arbeit und Ausdauer.

Seien Sie dankbar für all die Probleme, die Sie nicht haben. Dies ist einfacher zu verstehen, wenn Sie wissen, dass es zwei Möglichkeiten gibt, wohlhabend zu sein: Eine besteht darin, alles zu haben, was Sie wollen und die andere darin, mit dem zufrieden zu sein, was Sie haben. Akzeptieren und schätzen Sie Dinge *jetzt* und Sie werden in jedem Moment, in dem Sie leben, mehr Wohlbefinden und Glück finden und erfahren. Wohlbefinden und Glück kommen, wenn wir aufhören, uns über die Probleme zu beschweren, die wir haben und uns für all die Probleme bedanken, die wir nicht haben. Dazu gehört einige schlechte Tage durchzukämpfen, um die besten Tage Ihres Lebens zu verdienen. Wenn Sie sich dabei nicht täglich ein bisschen *unwohl* fühlen, bedeutet dies, dass Sie nicht wachsen. Jeder Aspekt des physischen und emotionalen Wachstums kommt von außerhalb Ihrer

Komfortzone. Seien Sie also manchmal furchtlos. Haben Sie den Mut, die Risiken einzugehen, die sich richtig anfühlen. Gehen Sie dahin, wo es keine Gewissheiten gibt. Dehnen Sie sich und Ihre Routinen, auch wenn Sie sich dadurch etwas unbehaglich fühlen. Die weniger befahrene Straße ist manchmal mit Unebenheiten, Schlaglöchern und unerforschten Gebieten gepflastert. Aber auf diesem Weg wächst Ihre Kraft und Ihre Träume offenbaren sich allmählich. Dabei reichen schon kleine Schritte in die richtige Richtung. Während eines Tages bieten sich hunderte kleine Möglichkeiten, Ihr Leben in die Richtung zu bewegen, in die Sie es bringen möchten. Denken Sie daran, dass Sie dies nur dann erfahren, wenn Sie entsprechend handeln und tun. Das bedeutet ebenso nicht auf „*Nummer sicher*" zu spielen, sondern aus Ihrer aktuellen Komfortzone auszubrechen und sich mit dem Unbekannten vertraut zu machen. Fangen Sie an, diese emotionalen Barrieren zu überwinden. Das Leben gibt einem nun mal nicht auf magische Weise, was Ihnen in Ihrem Kopf so alles herumschwirrt, sondern eher das, worauf Sie bei Ihren Handlungen bestehen. Es wird bei Ihren Vorhaben immer Menschen geben, welche Sie übertrumpfen werden. Eifersucht, Neid und Missgunst sind jedoch verschwendete Emotionen. Menschen, die Sie hassen, werden unweigerlich Erfolg haben. Leute, welche wir mögen, werden es manchmal besser machen als wir. Kinder werden schlauer, wendiger und schneller sein als Sie. Akzeptieren Sie es mit Anmut und Anstand. Dennoch sind die Dinge nicht immer so, wie sie auf den ersten Blick scheinen. Das große Haus, das Sie haben mussten, wird zu einer immer größeren Belastung, selbst wenn die Hypothek kleiner wird. Die Reinigung, Wartung, Reparaturen, die Treppen und all die anderen Dinge wie das große Auto – alles. Lassen Sie sich nicht von Ihrem Besitz besitzen.

Dennoch werden Sie im Laufe Ihres Lebens vor allem die Dinge bereuen, welche Sie nicht gemacht haben, anstatt die Dinge, die Sie „*falsch*" gemacht haben – das sind nicht umgesetzte künstlerische Vorhaben, das Mädchen, welches Sie nicht angesprochen haben, jemanden nicht geholfen zu haben, die Reise, die Sie nicht unternommen haben oder das Projekt, das Sie immer wieder aufgeschoben haben. Wenn sich Chancen und Möglichkeiten bieten oder diesen auf die Sprünge geholfen werden muss – tun Sie es. Sie werden vielleicht nie wieder die Gelegenheit dazu haben. Bei all den Chancen, Möglichkeiten, Vorhaben und Gelegenheiten: Seien Sie der, wer Sie auch wirklich sind. Schauen Sie sich Männer und Frauen an, die auf ihrem Gebiet etwas leisteten und erfolgreich waren. Sicherlich kann jeder einmal Glück haben, aber ich beziehe mich auf Menschen mit langfristig, nachhaltigem Erfolg. All diese Ausnahmetalente (Künstler, Politiker, Musiker, Lehrer usw.) hatten auf eine geistreiche Art und Weise einen besonderen Zugang zu ihrer Arbeit und lehnten herkömmliche Weisheiten ab. Wenn Sie das Glück haben, über etwas zu verfügen, das Sie von allen anderen unterscheidet, ändern Sie sich und es nicht. Einzigartigkeit ist von unschätzbarem Wert. Finden Sie in dieser verrückten Welt, die versucht, Sie wie alle anderen zu machen, den

Mut weiterhin Ihr großartiges *Selbst* zu sein. Und wenn Menschen Sie auslachen, weil Sie anders sind, dann lachen Sie sie aus, weil die anderen gleich wie alle anderen Menschen sind. Es erfordert viel Mut ein Einzelkämpfer zu sein, aber es lohnt sich. Seiner selbst zu sein, ist es jedenfalls wert – egal was andere sagen. Kümmern Sie sich deshalb nicht darum, was die Menschen denken oder sagen. Wir alle sterben am Ende. Glauben Sie wirklich, dass es wichtig ist, was die Leute über Sie denken oder sagen? *Nein*, das ist es nicht. Dennoch ist den Menschen in Ihrem Leben zumeist alles andere weitaus wichtiger. Kein Musikinstrument, Kunstwerk, Interesse, Buch, Hobby, Auto oder Beruf wird für Sie so wichtig sein, wie die Menschen, mit denen Sie Zeit verbringen – vor allem wenn Sie älter werden. Verbringen Sie deshalb Zeit mit Menschen, die Sie lieben. Das sind Ihre Familie, Bekannte, Verwandte und Ihre guten Freunde. Die meisten Menschen sind nur temporäre Besucher in Ihrem Leben. Bei Ihrer Familie und Ihrem nahestehenden Umfeld ist das anders – wenngleich es auch hier zu Spaltungen kommt, aufgrund von Trennungen und anderen Konflikten. Vergeben Sie dennoch denen, die Sie verletzt haben. Vergebung bedeutet nicht, einfach vergessen zu können oder diesen Menschen dann zu vertrauen. Da Sie viel zu beschäftigt sind, Menschen zu lieben, welche Sie lieben, haben Sie einfach keine Zeit Menschen zu hassen, die Sie verletzen. Lieben Sie sich jedoch stets auch selbst. Wenn Sie Ihren Vater trotz seiner Engstirnigkeit, Ihre Geschwister trotz Ihrer Unordnung und Ihre Freunde trotz ihres Nörgelns lieben können, dann können Sie sich trotz Ihrer eigenen Unvollkommenheiten ebenso selbst lieben. Das wird Ihnen dabei helfen, Mitmenschen in Ihrem Umfeld zu erkennen, die Sie lieben. Die denkwürdigsten Menschen in Ihrem Leben werden diejenigen sein, die Sie geliebt haben, als Sie nicht sehr liebenswert waren. Achten Sie darauf, wer diese Menschen in Ihrem Leben sind und lieben Sie diese ebenso – auch wenn Sie sich gerade nicht liebenswert ihnen gegenüber verhalten.

Versuchen Sie nicht alles herauszufinden und auf die Waagschale zu legen – das Leben ist manchmal unergründlich. Genießen Sie Ihre Reise und nehmen Sie sich nicht zu ernst. Sicherlich haben die Menschen sich auch ernst zu nehmen, aber am Ende versuchen wir alle, wie ein Haufen Ameisen den gleichen Zielen, Wünschen und Träumen hinterherzujagen. Wenn Sie aufwachen, nehmen Sie sich deshalb eine Sekunde Zeit, um darüber nachzudenken, was für ein Privileg es ist, einfach lebendig zu sein. Jeder Tag, an dem Sie aufwachen, ist ein Sieg. Atmen Sie auf den Badezimmerspiegel, um zu sehen, wie toll Ihr Atem aussieht. In dem Moment, in dem Sie anfangen, das Leben als Segen zu erachten, versichere ich Ihnen, wird sich Ihr Leben auch wie ein solches anfühlen.

Prinzip des Wohlbefindens

Die Normalität ist eine gepflasterte Straße, man kann gut darauf gehen – doch es wachsen keine Blumen auf ihr.

– Vincent Willem van Gogh

Am Leben zu sein, bedeutet, dass wir das Beste aus dem Leben machen, das uns anvertraut ist. Das Leben gehört uns jedoch nicht – es ist ein kostbares Geschenk, das wir behandeln müssen, als ob es in unsere Obhut übergeben worden wäre. Und unabhängig von der Lebensdauer, die uns auf dieser Welt geschenkt wurde, haben wir mit größter Sorgfalt darauf zu achten, es zurückzugeben. Denken Sie daran, dass der Wert des Lebens nicht an seiner Dauer (lang- oder kurzfristig) gemessen wird. Wichtig ist vielmehr, wie Sie das Leben zwischen Beginn und Ende nutzen. Die Erfahrungen, das Leiden und die Schmerzen, die wir über die Jahre ertragen, machen uns zu dem Menschen, der wir sind. Es mag von Zeit zu Zeit hart und ungerecht erscheinen, aber am Ende wird es sich als eines der größten Geschenke Ihres Lebens herausstellen und Sie werden sich für immer an diese Jahre erinnern. Dabei werden Sie erfahren, was Sie wirklich erreichen können, wenn Sie Ihr Herz, Ihren Verstand und jeden Muskel in Ihrem Körper darauf einstellen. Deshalb ist für Ihr Wohlbefinden auch Bewegung und dir richtige Ernährung wichtig. Aktivität wie auch die richtige Haltung Ihres Körpers beeinflussen Ihre Emotionen und Ihre Gefühle. Anstatt sich einer einzigen Diät hinzugeben, benötigen Sie vielmehr ein

Portfolio von Verhaltensweisen – beispielsweise kleine Änderungen anstatt großer Veränderungen, Abendessen in den Kreisen der Familie oder mit Freunden und sich selbst mehr wahrzunehmen.

Die aufgezeigten Botschaften können Sie als vielfältig und vielleicht nicht ganz nachvollziehbar erachten. Vergessen Sie dabei nicht, dass so wie Kämpfe Krieger stark machen, auch Ihr Geist durch Beanspruchung stärker wird. Früher ließ man in gerodeten Wäldern immer ein paar Bäume stehen, weil man wusste, dass diese es sind, welche, aufgrund des mangelnden Schutzes vor den Elementen, stark genug werden und den Naturgewalten trotzen, um noch höheren Beanspruchungen standzuhalten. Lassen Sie sich deshalb nicht einschüchtern, wenn Ihnen ein Unheil widerfährt. Gesundheitliche Beschwerden oder eine ungerechte Behandlung durch Mitmenschen oder einen anderen engeren Personenkreis können so als Chancen begriffen werden, wodurch Sie wachsen. Wenn Ihnen dies widerfährt, so zeigt Ihnen das nur den Wert Ihrer *Gesundheit* und der *Gerechtigkeit*. Sie werden sich mitunter auch einsam, verlassen und vergessen fühlen. Aber auch das zeigt Ihnen lediglich die Bedeutung von *zwischenmenschlichen Beziehungen*, *Freunden* und *Verwandten*. Den Wert der *Loyalität* und *Integrität* ziehen Sie aus betrügerischen Erfahrungen und aus Menschen, in welche Sie falsche Erwartungen gesteckt haben. Sie sehen, nicht sehr wohltuende Charakterzüge und Erlebnisse, möchte man meinen. Dennoch sollten Sie sich in Erinnerung rufen, damit es gut ist, dass Ihnen dies zuteilwird, da es Ihnen den Wert der

Gerechtigkeit, *Loyalität*, *Integrität* und die Bedeutung von *Freunden* zeigen wird. In jedem negativen Keim, der sich in Ihrem Leben auftun wird, steckt auch etwas Positives – so auch in Missgeschicken und im Unglück. Die Rolle des *Glücks* in Ihrem Leben werden Sie erst dann bewusst erkennen, wenn Erfolg abhandenkommt oder nicht immer vollkommen verdient ist – wie auch die Fehler anderer Menschen und die Risiken, welche ihnen widerfuhren. Das bedeutet somit: Freuen Sie sich darüber, wenn Sie auf Probleme, Fehler und Risiken stoßen. Dies deshalb, da Sie, wie die zuvor beschriebenen Bäume, welche den Naturgewalten trotzen, gezwungen sind nach Lösungen zu suchen und Sie so Ihren Horizont erweitern. Wenn Sie nicht mehr wissen, wie es weitergeht und Sie mit noch mehr Schwierigkeiten zu kämpfen haben, so werden Sie wissen, dass Sie durch die erlebten Erfahrungen nun noch stärker und für die Zukunft besser gerüstet sein werden. Zu lernen, dankbar für das zu sein, was Sie haben und nicht mehr zu beklagen, was Sie nicht haben oder nicht fähig sind zu leisten – ist eine große Freude. Sie sind folglich nicht für alle Dinge verantwortlich, die sich in Ihrem Leben zutragen, aber Sie haben die vollständige Kontrolle über Ihre Reaktionen diesen gegenüber und über Ihre Einstellung. Nehmen Sie eine Geisteshaltung der Erfahrung und Freude an. So misslich Ihre Lage auch ist, denken Sie dran: Sie sind gut genug!

Zusammenfassend

Gewonnen hat immer der, der lieben, dulden und verzeihen kann.

— *Hermann Hesse*

Wohlbefinden beginnt mit der Erkenntnis, dass niemand außer Sie selbst für Ihr inneres Gleichgewicht verantwortlich ist. Sie haben keine Kontrolle über vieles, was in Ihrem Leben geschieht – wohl aber über Ihre Haltung dazu. Diese Haltung entscheidet über Glück, Zufriedenheit und Lebensfreude. Nicht der perfekte Zustand macht glücklich, sondern Ihre Entscheidung, Glück auch inmitten des Unvollkommenen zu finden.

Lernen Sie, Dinge aus mehreren Perspektiven zu betrachten. Es gibt nicht nur Ihre Wahrheit, nicht nur meine Wahrheit, sondern auch eine, die wir beide (noch) nicht sehen. Weisheit bedeutet, die Welt durch andere Augen zu sehen, zu erkennen, dass auch Leid dazugehört, um Glück zu empfinden. Der Kontrast macht das Glück sichtbar. Nur wer Dunkelheit kennt, erkennt Licht.
Ein zentrales Geheimnis des Wohlbefindens ist die bewusste Auseinandersetzung mit der Endlichkeit. Wer den Tod verdrängt, lebt oberflächlich. Wer ihn akzeptiert, lebt tiefer. Wer alles festhält, wird selbst gehalten. Wer loslässt, gewinnt Freiheit. Nichts, was wir nicht loslassen können, gehört uns wirklich. Sich selbst aufzugeben, bedeutet nicht Aufgabe, sondern das Ego loszulassen, um in Beziehung mit der Welt zu treten.

Der Weg zu echtem Wohlbefinden führt nicht über Statussymbole, sondern über Beziehungen, Sinn und Dankbarkeit. Fragen Sie sich: Was bleibt, wenn alles Materielle verschwindet? Was trägt Sie in Krisen? Wofür lohnt es sich zu leben? Glück ist kein Endzustand, sondern eine bewusste Wahl. Und diese Wahl treffen Sie jeden Tag.

Zu den ewigen Geheimnissen des Wohlbefindens zählt auch die Annahme der eigenen Fehlbarkeit. Niemand ist so gut oder schlecht, wie er selbst denkt. Wer dem eigenen Urteil zu sehr traut, verliert den Blick für Wachstum. Wer lernt, sich selbst zu verzeihen, schafft Frieden mit der Vergangenheit. Das bedeutet: nicht alles richtig machen müssen, sondern bereit sein, weiterzugehen.

Wohlbefinden braucht nicht viel. Oft reicht es, kleine Freuden bewusst zu erleben. Ein Gespräch mit einem Freund, ein Lachen, ein Sonnenstrahl am Morgen. Diese Dinge haben Bestand, während alles andere kommt und geht. Schenken Sie ihnen Ihre Aufmerksamkeit. Kultivieren Sie Freundschaften. Tiefe Beziehungen stärken das Immunsystem mehr als jede Vitaminkur. Seien Sie für andere da. Das gibt Ihrem Leben Richtung. Ein arbeitsreiches Leben? Ja – aber wie viele Menschen wünschen sich wohl auf dem Sterbebett, dass sie mehr Zeit im Büro oder vor dem Fernseher verbracht hätten? Die Antwort kann nur lauten: kein Einziger!

Sterbende denken an die Menschen, die sie lieben, an ihre Familien und an diejenigen, denen sie Gutes getan haben.

Dazu die Geschichte vom Fischer und dem Geschäftsmann:

> In einem sonnigen Fischerdorf legt ein Fischer mit seinem kleinen Boot am Pier an. Er hat einen großen Thunfisch gefangen. Ein Geschäftsmann, der gerade Urlaub macht, beobachtet den Fischer bereits seit einigen Tagen. Er gratuliert ihm zum heutigen Fang und fragt: „Wie lange warst Du auf See, um diesen Fisch zu fangen?"
> Der Fischer antwortet: „Nur ein paar Stündchen."
> Daraufhin fragt der Geschäftsmann: „Warum bleibst Du nicht länger auf See, um mehr Fische zu fangen?"
> Der Fischer erwidert: „Dieser Fang reicht mir, um meine Familie für ein paar Tage zu versorgen."
> Der Geschäftsmann ist verwundert: „Was tust Du denn mit dem Rest des Tages?"
> Der Fischer erklärt: „Ich fahre nach Hause. Nach dem Mittagessen gehe ich mit meiner Frau spazieren und mache eine Siesta. Dann spiele ich mit meinen Kindern. Abends kommen Freunde, wir genießen den Fisch, trinken Wein und philosophieren über Gott und die Welt. Wie Du siehst, habe ich einen gut ausgefüllten Tag."
> Der Geschäftsmann antwortet: „Ich habe studiert und kann Dir helfen. Wenn Du den ganzen Tag fischen gehst, fängst Du mehr Fische. Dann kannst Du die übrigen Fische verkaufen. Von dem Erlös kannst Du bald ein größeres Boot kaufen. Für dieses Boot heuerst Du zwei,

drei Fischer an. Ihr werdet so viel fischen, dass Du schon bald mehrere Boote kaufen und eine eigene Flotte aufbauen kannst. Statt an einen Händler verkaufst Du die Fische direkt an eine Fischfabrik. Bald wirst Du so viel verdienen, dass Du eine eigene Fischverarbeitungsfabrik eröffnen kannst. So sparst Du Geld und kannst die Produktion und den Vertrieb selbst kontrollieren." Der Geschäftsmann wurde ganz euphorisch bei diesen Gedanken.

Der Fischer erwidert unbeeindruckt: „Und wie lange wird das dauern?"

„So etwa 15 bis 20 Jahre", erklärt der Geschäftsmann.

„Und was ist dann?", fragt der Fischer.

„Dann kommt das Allerbeste", antwortet der Geschäftsmann: „Wenn die Zeit reif ist, verkaufst Du Dein Unternehmen und kannst aufhören zu arbeiten. Du kannst morgens ausschlafen, zum Spaß noch ein wenig fischen gehen und den restlichen Tag mit Deiner Familie und Deinen Freunden genießen."

Der Fischer schmunzelt, dann beginnt er, zu lachen. „Hab' vielen Dank für deine Vorschläge. Du hast mich daran erinnert, was für ein wunderbares Leben ich bereits heute führen darf!"

In der zeitlosen Parabel vom Fischer und Geschäftsmann offenbart sich eine der tiefgreifendsten Wahrheiten unserer Existenz: dass der vermeintliche Fortschritt oft nur ein raffiniert getarnter Rückschritt ist. Während der Geschäftsmann dem Fischer einen komplexen Plan für Expansion und Reichtum präsentiert, entdeckt er am Ende, dass das Ziel seiner jahrzehntelangen Anstrengungen exakt dem entspricht, was der Fischer bereits besitzt – die kostbare Freiheit, jeden Tag nach seinen eigenen Vorstellungen zu gestalten.

Die Geschichte vom Fischer und dem Geschäftsmann lehrt uns auf eindrucksvolle Weise, dass ein „Mehr" im Leben nicht zwangsläufig zu mehr Glück, Zufriedenheit oder gar Leichtigkeit führt. Sie hält uns den Spiegel vor und stellt die Frage: Was ist wirklich wichtig? Ist es der endlose Wettlauf nach Erfolg und Besitz – oder das bewusste Genießen des Moments?

Die Parabel entlarvt die Illusion unserer leistungsorientierten Gesellschaft: Wir rennen atemlos einem Zustand hinterher, den wir längst hätten haben können, wenn wir nur innegehalten hätten. Das wahre Geheimnis liegt nicht im rastlosen Streben nach mehr, sondern in der mutigen Entscheidung, das selbst erschaffene Hamsterrad zu verlassen und bewusst den Gang zu drosseln.

Denn erst in dieser heilsamen Verlangsamung entfaltet sich die Magie der Gegenwart – wir beginnen zu schmecken statt nur zu schlucken, zu sehen statt nur zu blicken, zu leben statt nur zu funktionieren. Die Kunst des Wohlbefindens liegt somit nicht im Erreichen eines fernen Ziels, sondern im Erkennen dessen, was bereits da ist und darauf wartet, wertgeschätzt zu werden.

Es geht demnach nicht darum, dem perfekten Leben nachzujagen. Das führt zu Unruhe und ständigem Vergleichen. Stattdessen sollten Sie den jetzigen Moment schätzen. Wenn Sie heute nicht glücklich sein können, warum glauben Sie, es morgen zu sein? Lernen Sie, das Leben jetzt zu fühlen, nicht irgendwann. Sorgen machen nichts besser, sondern nehmen Ihnen nur die Kraft, Lösungen zu finden. Begrenzen Sie bewusst die Zeit, die Sie mit Problemen verbringen. Lassen Sie Sorgen nicht Ihr ganzes Leben besetzen.

Erinnern Sie sich täglich an Ihre Sterblichkeit. Nicht aus Angst, sondern um Prioritäten zu setzen. Fragen Sie sich am Morgen: Wenn dies mein letzter Tag wäre, würde ich ihn genauso leben? Wenn die Antwort zu oft „Nein" ist, ändern Sie etwas. Das Bewusstsein für die Endlichkeit kann ein Kompass sein für das Wesentliche.

Vertrauen ist ebenfalls ein Pfeiler des Wohlbefindens – Vertrauen in andere und in sich selbst. Auch wenn es missbraucht wurde, ist es unverzichtbar. Vertrauen macht offen für Neues. Es schenkt innere Stabilität. Und: Glück entsteht nicht, wenn alles perfekt läuft. Es entsteht, wenn Sie sich entscheiden, trotz allem glücklich zu sein.

Denken Sie klein: Nicht im Sinne von begrenzten Träumen, sondern in der Hinwendung zum Alltäglichen. Der Duft von Kaffee, das Vogelgezwitscher, ein offenes Gespräch. Das sind Bausteine eines guten Lebens. Je bewusster Sie sie erleben, desto tiefer Ihr Wohlbefinden.

Was zählt, ist nicht, wie viel Sie besitzen oder erreichen, sondern wie aufrichtig Sie leben. Leben Sie nicht das Leben eines anderen. Folgen Sie Ihrem eigenen inneren Kompass. Ihre Intuition ist ein zuverlässiger Ratgeber. Haben Sie den Mut, ihr zu folgen. Sie wissen längst, was Sie wirklich wollen.

Zeit ist Ihr wertvollstes Gut. Sorgen sind Zeitverschwendung. Vertrauen ist Ihre Grundlage. Glück ist Ihre Entscheidung. Und Bescheidenheit ist Ihre Wurzel. Wenn

Sie diese Geheimnisse ehren, werden Sie finden, was Sie suchen: ein Leben, das sich richtig anfühlt und wofür es sich lohnt zu leben – für die *Liebe*.

Autor

Der Autor war und ist in verschiedenen Berufen tätig – u.a. als Drucktechniker, Betriebswirt, Pädagoge und Publizist. Das Gebiet der Lebenshilfe war ihm immer schon ein Anliegen und er konnte die im Buch erläuterten Grundsätze und Prinzipien im Rahmen seiner Tätigkeiten und Begegnungen mit Mitmenschen fortlaufend anwenden. Die dargelegten Erfahrungen, Lektionen und Ratschläge von Mentoren, Grundsätze und Anekdoten halfen ihm immer wieder im Laufe seines Lebens, deshalb wollte er diese auch den Lesern mitgeben und ihnen viele unnötige Leidenswege und Herzschmerzen ersparen. Darüber hinaus sieht er sich als Freund, der gemeinsam mit seinen Lesern, Seite an Seite den Weg zu mehr Glück, Liebe und Wohlbefinden geht. Er ist Windhag Leistungsstipendiat, Stipendiat der Michael von Zoller-Stiftung, der Karl Seitz- und Julius-Raab-Stiftung. Seit jeher ist er in verschiedenen Freiwilligenorganisationen, im sozialen Bereich und in der Hilfe für den Nächsten engagiert.

www.ingramcontent.com/pod-product-compliance
Lightning Source LLC
Chambersburg PA
CBHW050843160426
43192CB00011B/2125